都市再生：

报纸之上海（1980—2003）

DUSHI
ZAISHENG
BAOZHIZHI SHANGHAI
(1980-2003)

何顺民 ◎ 著

中国社会科学出版社

图书在版编目（CIP）数据

都市再生：报纸之上海：1980—2003 / 何顺民著 . —北京：中国社会科学出版社，2019.8

ISBN 978 - 7 - 5203 - 4890 - 4

Ⅰ.①都⋯　Ⅱ.①何⋯　Ⅲ.①报纸—作用—城市建设—研究--上海---1980 - 2003　Ⅳ.①G219.275.1F299.275.1

中国版本图书馆 CIP 数据核字（2019）第 184126 号

出　版　人	赵剑英	
责任编辑	陈肖静	
责任校对	夏慧萍	
责任印制	戴　宽	

出　　　版	中国社会科学出版社	
社　　　址	北京鼓楼西大街甲 158 号	
邮　　　编	100720	
网　　　址	http://www.csspw.cn	
发　行　部	010 - 84083685	
门　市　部	010 - 84029450	
经　　　销	新华书店及其他书店	

印　　　刷	北京明恒达印务有限公司	
装　　　订	廊坊市广阳区广增装订厂	
版　　　次	2019 年 8 月第 1 版	
印　　　次	2019 年 8 月第 1 次印刷	

开　　　本	710×1000　1/16	
印　　　张	11.75	
插　　　页	2	
字　　　数	181 千字	
定　　　价	58.00 元	

凡购买中国社会科学出版社图书，如有质量问题请与本社营销中心联系调换
电话:010 - 84083683

序

  上海真是一座奇妙的城市，关于上海的研究甚至催生了"上海学"，这样一个聚合了众多学科、跨国界的研究领域，这恐怕也算得一个世界罕见的现象。魔都上海，吸引了越来越多的研究者投身其中。

  何顺民，一位传播学博士，上海城市的匆匆过客，也成为其中一员。7年前何顺民考入复旦新闻学院，从事城市传播研究。在很短的时间内就将自己的研究兴趣聚焦于上海。对于我的隐隐担心，毕竟是一个初来乍到的新上海人啊，何顺民表现出他的坚定。彼时，何顺民常常和我聊起上海带给他这个地道湖南人的震惊与眩晕感，他观察上海的眼光，渐渐地不断刷新我对上海的惯常认知。

  如今呈现在读者面前的著作，就是在何顺民的博士论文《都市共同体的再生产：报纸的上海（1980—2003）》基础上修改而成。传播学视角中的上海研究如何赋有新意？这个研究提供了一种新的思路。该著作从媒介生产的视角出发，将以往媒介研究中较为缺乏的"空间"维度作为一个观察视点，围绕着报纸构筑的社会交往关系，聚焦于城市的热点时刻，针对6个媒体事件呈现的报刊文本，考察了"都市上海"在新一轮全球化的起始、发展阶段，本地报刊如何想象、编织上海地方城市共同体的意义网络。这个研究拓展了以往媒介与城市关系研究的传统视角，即：仅仅在城市文化的载体层面理解报纸，视媒介为信息传递的手段性工具。而是将报纸看作建构城市共同体、塑造城市认同的基础性力量。同时，该书探讨、剖析了城市与乡村、城市与国家、城市与世界等都市共同体的各种社会关系，一方面为当前方兴未艾的城市研究提供了独特的传播学视角；另一方面为城市传播研究呈现了一个鲜活的范例。这些创新观点与案例具有重要的理论意义和实际价值。

这本著作在媒介与上海的相关研究中也呈现了一定的新意，得到报刊史研究者的好评。关于媒介与上海的研究中外著述颇多，时间段大多停留在晚晴民国前后，论文选取 20 世纪 80 年代、90 年代、21 世纪初这一研究时段，显示了作者独特的眼光。文献综述立足于报纸与上海，梳理全面清晰简洁，彰显聚焦集中的研究问题意识。在具体内容展开章节中，资料详实，用上海都市共同体的三个维度（"上海现代性"、"上海人"、"上海精神"）统摄材料，上海城市性、空间性经由作者的阐述浮现出来。在理论阐释与史料、文本分析方面结合较好，章节之间显示了有机的内在逻辑。结语部分放在世界都市和中国城市发展历史脉络里阐述上海都市的价值，在此基础上回应重新理解关于媒介与城市关系的传播学理论问题，学术视野开阔，落点沉稳。总体上学术用语规范，架构合理，行文流畅，思路清晰。一个跨度如此之大的研究，能够做到这样，说明作者的研究基础和能力是较好的。

当然，该研究还有很大的提升空间，比如如何从细致的描述到结论点架起桥梁需要更详细的阐释，对媒介如何嵌入上海城市共同体多重社会关系论述不足，因此未能充分回应在当时的历史场景中媒介在何种程度上重塑了共同体意识；再如，怎样从现有的经验研究中，围绕着媒介与城市之关系，在接续芝加哥学派的传播思想的基础上，进一步提炼传播学理论创新的命题与观点，也有待更宽广的学术视野的观照。

何顺民在博士阶段挑战原有知识体系、开创自身研究新领域的勇气与意志让人感佩，期间经历的甘苦真是一言难尽。如今，何顺民已迈入高校成为一名专职的新闻传播学教师，他的学术之路正在徐徐展开。近期他获得江苏省政府留学奖学金项目资助，即将赴墨尔本大学展开国际视野中的城市传播研究，相信这将成为他学术生涯的又一个重要时刻。如何锚定自己的研究场域，形成自身的研究特色，是摆在何顺民面前的急迫议题。

上海史研究大家熊月之老师说，上海是全世界独一无二的城市，我理解，这也是上海吸引各路研究者的重要因素。熊老师是何顺民学术生涯的重要引路人，何顺民的博士论文也多次得熊老师指点，作为何顺民的博士导师，我本人也借此机会向熊老师诚致谢意。何顺民尽管目前已离开上海，但相信博士阶段的上海研究及上海生活，已经成为他宝贵的生命体验，深深地镌刻在他刚刚开启的学术生涯中。期待在不远的未来，何顺民在城市传播研究中做出他独特的贡献。

孙玮

2019 年 6 月于复旦

目　　录

第一部分　打捞沉没的大上海

绪　　论

第一节　研究缘起

21世纪，是全世界多数人居住在城市的第一个世纪，成为一个城市的世纪。不仅体现在人口统计学意义，也体现在超常的价值上。① 其超常的价值是"在整个历史进程以及在我们这个时代，城市始终是文化创造、技术创新、物质文明建设、政治民主化的源泉"②。城市是当前人类最重要的一种生活方式及社会关系。而城市文明的基础是交流和共享（即是以冲突式的共享)③。

全球化进程的不断加剧使作为全球传播网络节点之一的城市不断凸显，而"城市是全球化矛盾最突出、最尖锐的地方。""城市已经成为全球化矛盾的焦点，成为都市问题与更为隐蔽的文化问题的结合场所。"④在曼纽尔·卡斯特看来，"如果没有一个主导性文化（如果有，就是市场导向的文化），存在的是意义和表达的共存与多源性，对于新的城市文明来说，关键的挑战是恢复沟通"⑤。也就是说对处于全球传播网络节点的

① ［美］乔尔·科特金：《全球城市史》，王旭等译，社会科学文献出版社2010年版，第14页。

② ［美］曼纽尔·卡斯特：《信息时代的城市文化》，载汪民安、陈永国、马海良主编《城市文化读本》，北京大学出版社2008年版，第347页。

③ ［美］曼纽尔·卡斯特：《地方与全球：网络社会里的城市》，载孙逊、杨剑龙主编《网络社会与城市环境》，上海三联书店2010年版，第14页。

④ 包亚明：《译丛总序》，载 Edward W. Soja《第三空间——去往洛杉矶和其他真实和想象地方的旅程》，陆杨等译，上海教育出版社2005年版，第1页。

⑤ ［美］曼纽尔·卡斯特：《地方与全球：网络社会里的城市》，载孙逊、杨剑龙主编《网络社会与城市环境》，上海三联书店2010年版，第12页。

城市来说，城市的真正挑战在于城市如何传播，城市如何促进传播。

随着中国改革开放政策的实施，当下的中国也无可避免地卷入了全球化、城市化浪潮。2011 年中国城镇人口首次超过乡村人口，占总人口的 51.27%。2013 年中国城市化水平超过 52%。2014 年，城镇常住人口为 74916 万人，占总人口比重为 54.77%。① 2017 年年末，城镇常住人口为 81347 万人，占总人口比重（常住人口城镇化率）为 58.52%。② 中国城市化正在接近世界平均城市化水平，成为世界上城市人口最多的国家。③ 其实，"城市是文明的载体"④，都市自古以来存在于中国社会历史长河中。在日本学者斯波义信看来，早在商、周、春秋和战国时代，都市（城邑）已成为规定人们社会生活和经济生活的中心。并且，古代都市一直都与腹地农村组成了不可脱节的对应关系而发展起来。在 10 世纪之后，府、州、县层次的都市周围发展出无数的"市镇"，开始对农村产生深刻的影响，并由此成为近年来备受瞩目的乡镇问题的源头。⑤ 也就是说，在中国社会发展历史上，并非先有乡村，后有城市，城市和乡村并非二元对立。因此，斯波义信认为："研究中国社会，都市问题是一个关键。"⑥

作为一个现代的国际都市来说，上海是一个独特的存在。近代上海由于多种综合性因素的作用，成为在古今中外城市史上独一无二的异质性城市。⑦ 并且，近代上海是"在特殊状态下率先结缘全球化的城市"⑧。"早在 1930 年代经历第一轮全球化"⑨，发育成为中外高度融合的现代都

① 中华人民共和国国家统计局编：《中国统计年鉴（2017）》，http://www.stats.gov.cn/tjsj/ndsj/2017/indexch.htm。

② 中华人民共和国国家统计局编：《中华人民共和国 2017 年国民经济与社会发展统计公报》，http://www.stats.gov.cn/tjsj/zxfb/201802/t20180228_1585631.html，2018 年 2 月 28 日。

③ 张鸿雁：《序》，载［澳］斯科特·麦奎尔《媒体城：媒体、建筑与都市空间》，邵文实译，江苏教育出版社 2013 年版，第 2 页。

④ 薛凤旋：《中国城市及其文明的演变》，世界图书出版公司北京公司 2015 年版，第 1 页。

⑤ ［日］斯波义信：《中国都市史》，布和译，北京大学出版社 2013 年版，第 1—2 页。

⑥ 同上。

⑦ 熊月之：《异质文化交织下的都市生活》，上海辞书出版社 2008 年版，第 4 页。

⑧ 熊月之：《四不像城市：近代上海率先结缘全球化》，《文汇报》2015 年 7 月 25 日第 8 版。

⑨ 李天纲：《南京路：东方全球主义的诞生》，上海人民出版社 2009 年版，第 1 页。

市共同体。而上海作为"现代性都市，以交流作为社会的基础，这种交流以经济贸易为核心，扩散到政治、文化、社会等各领域。交流的范围突破民族国家的边界，达至全球"①。换句话说，作为媒介的上海成了超越民族国家的都市共同体。上海解放后，在新中国的格局中，上海作为国民经济重要的支撑地位依然稳固，但伴随着社会主义主流意识形态的改造，上海与外部世界特别是欧美世界广泛而密切的交流因历史的巨变而断裂，导致的结果是"标志着中国现代性的摩登都市突然远去"②。上海的都市性只能隐伏在市民的日常生活及衰颓的都市空间中等待复燃。改革开放以来，特别是 20 世纪 90 年代以后，上海第二次融入世界，二度出发，开始"再全球化"③ 历程，作为都市共同体的上海经由媒介重新生产和重构。

在上海城市发展史上，"从边陬小县到 1930 年代的远东第一都市，上海用了 90 年，从患上巨人综合征的 1970 年代到世纪末的腾飞，上海只花了 20 年"④。特别是 20 世纪 90 年代以后，上海重返世界级大城市的地位，过去 20 多年，兴起了一股国际性的上海研究热。一般认为，上海的再度崛起，与近 100 年来上海形成的特殊的城市文化精神有关。在上海"再全球化"过程中，研究媒介（主要指上海本地报刊）对上海城市共同体的生产与重构的想法，最初受 1990 年代初期几乎裹挟上海本地所有大众媒介对作为城市共同体的主体"上海人"的制造成为全国一个独特的媒介事件的启发。在这场媒介讨论中，出现了上海人"精明不高明"、为"精明"正名、小气、看不起外地人，也触及了近代上海以来形成的海派文化精神等上海城市特殊性的议题。这一特殊的媒介现象引起了笔者的注意并产生了疑问，在 20 世纪 80—90 年代的时空中，为什么突然出现区别于国族精神的上海城市精神的重构？是否还有与上海城市共同体有关的海派文化、上海人、上海精神等其他媒介大讨论？在上海新一轮的全

①　孙玮：《作为媒介的外滩：上海现代性的发生与成长》，《新闻大学》2011 年 4 期。
②　张济顺：《远去的都市：1950 年代的上海》，社会科学文献出版社 2015 年版，第 15 页。
③　李天纲：《南京路：东方全球主义的诞生》，上海人民出版社 2009 年版，第 1 页。
④　熊月之、周武主编：《海纳百川——上海城市精神纵横谈》，上海人民出版社 2003 年版，第 41 页。

球化过程中，在城市发展的不同阶段，大众媒介对上海城市共同体的建构有何不同，媒介如何呈现上海城市共同体的特殊性内涵和发展轨迹？作为都市的上海价值何在？

从现有的研究成果来看，学界对上海城市精神以及关于近现代上海报刊与上海城市的学术成果较为丰富，而探讨改革开放以来大众媒介与上海城市的研究零星点点，大多停留在上海世博前后所做的个案研究，并且其视角集中在探讨上海城市共同体建构过程中报纸话语背后的权力关系及意识形态。本书在现有的研究基础上，试图立足作为媒介的都市，在上海新一轮的全球化起始、发展阶段探讨本地报刊如何编织与建构上海城市共同体的特殊性内涵及发展轨迹。探讨的核心问题如下：

（一）作为都市共同体的上海在改革开放后尤其是 20 世纪 90 年代浦东开发以来上海"重振"过程中如何经由地方媒介（本文主要是指上海本地报刊）编织和建构？

（二）一个现代的中国都市的上海在新一轮的全球化过程中如何经由传播重新浮现及重构，及发展的轨迹是怎样的？

（三）就传播与城市来说，在 20 世纪 80 年代改革开放初期、20 世纪 90 年代上海腾飞的初始阶段以及 21 世纪之交上海城市实现再次腾飞发展的 3 个阶段，地方媒介如何在城市的"热点时刻"呈现和阐发一个全球化的中国都市上海的特殊性？意味着什么？

第二节　文献综述与核心概念界定

一　传播与共同体

（一）从共同体视角重新理解传播

杜威从词源上指出："在共同（common）、社区（community）和传播（communication）这三个词之间，有一种比字面更重要的联系，人们由于拥有共同的事物生活在一个社区里；而传播即是他们借此拥有共同事物的方法。"① 因此，传播是"最奇妙的"。"社会不仅因传递（trans-

---

① ［美］约翰·杜威：《民主主义与教育》，王承绪译，人民教育出版社 2001 年版，第 9 页。

mission）与传播（communication）而存在，更确切地说，它就存在于传递与传播中。"① 也就是说，传播既有工具的意义也有共同体的意义。

我们需要一种共同文化，离开了共同文化，我们将无法生存下去。② 而共同的文化所指的是"我们能够交往是因为我们共享很大程度上相同的概念图并因此差不多相像的方法理解和解释世界"③。斯图亚特·霍尔把传播看作一种文化实践。事物"自身"几乎不会有一个单一的、固定的、不可改变的意义。"意义与其说是被简单'发现'的，还不如说是被生产（建构）出来的。"语言的意义表征有三种理论：反映论、意向性和构成主义。"语言单纯反映已经存在于那里的关于物、人和事的世界的一个意义（反映论）。语言仅仅表达说着或者画家想说的，表达他或她个人意向的意义（意向性的）。或者意义是在语言中或通过语言而被建构的（构成主义的）。"④ 斯图亚特·霍尔倾向于建构主义理论，他把这个建构过程称为"表征的实践"：

　　我们所说的"表征的实践"，是指把各种概念、观念和情感在一个可被转达和阐释的符号形式中具体化。意义必须进入这些实践的领域，如果它想在某一文化中有效地循环。在它于这链圈的另一点上被译解和可理解地接受之前，我们不能认为它已经建成了它的环绕文化循环圈的"通道"。所以，语言既不是各种意义的传送者的也不是它们的接受者的财产。它是被共享的"文化空间"。在这一空间里，意义的生产通过语言而进行。意义和信息的接受者不是一个被动的屏幕，可以在上面准确和清楚地投射出原来的意义。"获得意义"既是意指实践，也是"置入意义"。说者和听着或作者和读者由于经常转换角色，是一个始终是双边的、始终是相互影响的过程的

① 转引自［美］詹姆斯·W. 凯瑞：《作为文化的传播——"媒介与社会论文集"》，丁未译，华夏出版社 2005 年版，第 3 页。

② ［英］雷蒙·威廉斯：《文化与社会（1780—1950）》，高晓玲译，吉林出版集团有限公司 2011 年版，第 330 页。

③ ［英］斯图亚特·霍尔：《表征：文化表象与意指实践》，周宪、许钧译，商务印书馆 2003 年版，第 18 页。

④ 同上书，第 15 页。

积极参与者。①

　　也就是说，斯图亚特·霍尔认为传播就是生产共享的意义。而解码的"扭曲"和"误解"是传播中编码与解码不处在一个共同体中。在文化研究视域中的传播，除了信息传递，还可以扩展理解为仪式感的实现，意义的共享、共同体的建构。在这样的认识基点上，传播对城市的影响有多个面向的文化意义。

　　早期的纸质城市媒介，与社会网络融为一体，或者说，媒介本身就是社会网络的一个组成部分。"十九世纪的报纸植根于都市社区内部的社会网络中，为政治以及其他类型的讨论奠定了基础，人们在各种场合下大声阅读报纸。"② 但随着大众媒介为了生存的需要扩大覆盖范围，媒介不再是城市社区网络的一部分。"媒体不鼓励个体之间或不同社会群体成员之间的联系和对话。不同成员之间不存在有意义的对话。"③ 也就是说，此种情况下的传播算不上真正意义上的传播。雷蒙·威廉斯立足于地方报纸与共同体的联系，试图"寻求一个关于'传播'的新定义"，在他看来，"传播不仅仅是传输，还是接受和回应。而主动的接受和鲜活的反应取决于一个有效的经验共同体。大众传播的技术，只要我们判定它们缺乏共同体的条件，或者以不完整的共同体为条件，那么这些技术就与真正的传播理论互不相干"。在这个意义上，"关于传播的任何真实理论都是关于共同体的理论。……我们很难对传播问题进行清晰的思考，因为对于共同体的思维模式总是占据支配地位"④。也就说，传播既是共同体经验的分享，也是共同体经验的凝聚和体现。同时，雷蒙·威廉斯指出："共同体的创造总是一个探索的过程，因为意识不可能先于创造，对于未知的体验没

---

① 〔英〕斯图亚特·霍尔：《表征：文化表象与意指实践》，周宪、许钧译，商务印书馆2003年版，第10页。

② 〔美〕戴安娜·克兰：《文化生产：都市艺术》，赵国新译，译林出版社2001年版，第30页。

③ 同上。

④ 〔英〕雷蒙·威廉斯：《文化与社会》，高晓玲译，吉林出版集团有限公司2011年版，第326—330页。

有公式可循。因此，一个好的共同体、一个鲜活的文化不仅会营造空间，而且会积极鼓励所有人乃至所有个体，去协助推进公众所普遍需要的意识的发展。"因此，在他看来，在一个有效地共同体中，必须要落实多样性。① 雷蒙·威廉斯对"大众传播"的概念持怀疑态度，因为这个概念涉及控制性的社会关系。他寄希望于地方报纸，他认为，"在所有控制性依据当中，地方报纸具有最重要的地位"。因为"地方报纸是基于共同兴趣和共同认识，为一个熟悉的群体生产的报纸，因此没有受到所谓的'大众'阐释的支配。地方报纸的传播基础是一个共同体，这和多数全国性报纸形成了鲜明的对比，后者为市场生产，受到'大众'标准阐释"②。在这个视野中，传播是一种凝聚地方共同体经验的精神建构与文化再造的社会实践。

（二）从共同体到多元异质的都市共同体

1. 共同体之原初：乡村与民族国家

在齐格蒙特·鲍曼看来，共同体就是在不确定的世界中寻找安全，它涉及一种感觉：它是一个"温馨"的地方，一个温暖而又舒适的场所。在共同体中，我们能够互相依靠对方。但令人遗憾的是，"共同体"意味着的并不是一种我们可以获得和享受的世界，而是一种我们将热切希望栖息、希望重新拥有的世界。"它总是过去的事情"或者它总是将来的事。③

齐格蒙特·鲍曼梳理了社会学家斐迪南·滕尼斯和罗伯特·雷德菲尔德关于共同体的学说指出，理想的共同体基于一种"自然而然"、"不言而喻"的共同理解，无法人为制造出来。而理想共同体的实现基于三个条件：独特性、小、自给自足。这三位一体特性的保持就能使共同体"内部"与"外部"筑起一道坚固的保护墙，这样，共同体的关系就是稳固的。但随着现代工业社会的到来，机械运输方式的出现破坏了共同体

①　［英］雷蒙·威廉斯：《文化与社会》，高晓玲译，吉林出版集团有限公司2011年版，第343—345页。

②　同上书，第326页。

③　［英］齐格蒙特·鲍曼：《共同体：在一个不确定的世界中寻找安全》，欧阳景根译，江苏人民出版社2003年版，第2—5页。

的理想状态，而信息传输技术的出现更是给予理想的共同体以致命的打击，其自我与外界的界线再也无法划定和维持，现代社会的共同体只能是"人为制造出来"的。① 大众传播媒介在共同体的创造中发挥了不可替代的作用。正如约翰·B.汤普森所说："今天难以想象生活在一个没有书刊报纸、没有收音机和电视、没有无数把象征形式常规地和不断地传送给我们的其他传媒的世界里会是怎么样。一日复一日，一周复一周，报纸、收音机和电视持续不断地给我们发生在我们所处的社会环境以外的事件的有关形象、信息和思想。电影和电视节目中放映的人物成为千百万人的共同关心点，他们之间可能无从交往，但由于他们参与传媒文化而具备了一种共同经历和集体记忆。"② 在本尼迪克特·安德森看来，民族国家就是一种"特殊的文化的人造物"。这种"想象的共同体"不是虚构的共同体，不是政客操纵人民的幻影，而是一种与历史文化变迁相关，根植于人类深层意识的心理的建构。区分共同体不是以真/假，而是以它们被想象的方式。民族可被看作一个想象的共同体。在想象和建构民族共同体过程中，媒介、传播的角色和作用不可或缺。大众印刷媒介（主要指报纸和书刊）把不同时空的人连接起来（读报作为一种仪式），公众动用这些资源想象民族共同体。同时，他指出，民族本质上是一种现代的想象形式——它源于人类意识在步入现代性过程中的一次深刻变化。③ 本尼迪克特·安德森富有洞见地指出了报纸等大众媒介在现代的民族共同体形成过程中想象和建构的角色和作用。但他没有看到民族主义共同体想象中涉及的权力关系，同时，在他的视野中对作为中观层面的现代都市共同体的观照是缺失的。

　　在齐格蒙特·鲍曼看来，在这个迅速全球化的世界中，多数人居住的城市成了"持久的、流动的、异质人群庞大而密集的"地方，现代人

---

① ［英］齐格蒙特·鲍曼：《共同体：在一个不确定的世界中寻找安全》，欧阳景根译，江苏人民出版社 2003 年版，第 11 页。

② ［英］约翰·B.汤普森：《意识形态与现代文化》，高铦译，译林出版社 2005 年版，第 164 页。

③ 吴叡人：《导读：认同的重量》，载［美］本尼迪克特·安德森《想象的共同体：民族主义的起源与散布》，吴叡人译，上海世纪出版集团 2011 年版，第 8、17 页。

需要一个用相互的、共同的关心编织起来的共同体。①

2. 作为共同体的都市："群体联系网络"

研究共同体的早期社会学家斐迪南·滕尼斯认为，工业革命之前的城市和村庄一样，保留着或多或少的家族式的"共同生活"。但随着工业化和城市化的进展，交换关系渗透到人际关系的方方面面。人类社会由"共同社会"走向"利益社会"。其结果是城市人以和平的方式相互共处地生活和居住在一起，但是基本上不是结合在一起，而是基本上分离的。② 斐迪南·腾尼斯把社会描述成原子化的次级关系，遭受了现代性的社会解组、社会解体和文化分离，从传统共同体角度建构了一种对社会的否定看法。所以，他论述到，"城市发展到大城市时，共同体的生活方式日益枯萎，甚至日益消亡"③。在斐迪南·腾尼斯的视野中，传统共同体强调的是高度规范的整合与秩序，而大都市与共同体是分离的。而 Robert Maclver 视野中的"共同体"不同于滕尼斯的"共同社会"，他区分了"共同体"（community）、"联合体"（association）。其共同体是一种在共同生活中形成的地域共同体。这种地域共同体非但不会随着城市化而消解，反而会在现代城市中继续存在和发展。"流动的人群聚集于城市，为了创造更好的生活环境，共同努力联结成新的地域共同体。"④但 Robert Maclver 没有指出这种地域共同体如何及通过什么方式联结起来。

斐迪南·腾尼斯敏锐地看到了大都会社会是一个差异的世界，是不同个人利益对权力和合法性展开的空间，从而大都会或许就是一种冲突。但他没看到这种冲突也具有融合作用。在这一点上，齐美尔的看法迥异于斐迪南·滕尼斯。齐美尔将"共同体"定义为"群团联系网络"，也就是人际关系密切的"开放式的网络"，这个"开放式网络"

---

① ［英］齐格蒙特·鲍曼：《共同体：在一个不确定的世界中寻找安全》，欧阳景根译，江苏人民出版社 2003 年版，第 182—186 页。

② ［德］斐迪南·滕尼斯：《共同体与社会：纯粹社会学的基本概念》，林荣远译，北京大学出版社 1999 年版，第 99 页。

③ 同上书，第 333 页。

④ Robert Maclver, *Community：A Sociological Study*, London：Macmillan and Colimited, 1917, pp. 22 – 25.

是以异质性和彼此依赖为基础。在齐美尔看来，社会冲突也具有潜在的融合作用。① 以研究19世纪汉口著名的城市史学者罗威廉指出："19世纪的中国城市缺乏芝加哥学派所认定的那种强有力的、有效率的政府权力，取而代之的则是我们即将看到的、在某种程度上建立在精神认同上的社区自治体系。"② 可见，齐美尔和罗威廉描述的冲突非整合式的共同体冲击了主流社会学关于社会及其整合的观念。卡尔·休斯克关于维也纳的城市研究中也指出，自20世纪开始，尼采所说的"碎裂"几乎无处不在，20世纪的文化多样性造成了多元化现实，根本无法用一个均一的定义被整合入历史进程中，世纪末的维也纳就是这样一个典型样本。③ 在多元的现实中，人们可以幸福自在地生活在多个认同中。

3. 全球化时代多元、异质的都市共同体

社会学中的一个关键概念是"社会"，其参照对象无一例外的都是共同体。孔德、涂尔干社会学传统把社会看作是放大了的共同体，其基础是民族国家，强调的是规范的整合和共同的文化价值，而把文化看作共同价值完善而整合的一个构成方式。全球化冲破了这一思想，全球社会是不同文化的碰撞和复杂相处。④ 全球化进程，使得人们的认同无法被整合进或限制在他们所居住的民族国家的文化当中。全球化进程造成的一个后果是地方文化的崛起。⑤ 而归属感、共同体验的积淀，以及与一个地方相关联的文化形式，是一个地方文化的核心概念。伴随世界经济的全球化、大众媒介和消费文化的扩张对地方的明显破坏，作为去全球化的反应，激发了重建地方感的努力。全球化所引起的各种变化，可以说是为了重新发现多样性、地方主义、和差异性。各种各样的想象共同体重新发现区域文化，城市就是想象共同体的一个维度。在涉及地方时，不要预设一个整合式的共同体。迈克·费瑟斯通基于后现代立场提出了

① ［美］罗威廉：《汉口：一个中国城市的冲突和社区（1796—1895）》，鲁西奇、罗杜芳译，中国人民大学出版社2008年版，第10页。

② 同上书，第11页。

③ ［美］卡尔·休斯克：《世纪末的维也纳》，李锋译，江苏人民出版社2007年版，第3页。

④ ［英］迈克·费瑟斯通：《消解文化——全球化、后现代主义与认同》，杨渝东译，北京大学出版社2009年版，第9、180页。

⑤ 同上书，第120页。

一种与传统社区概念完全不同的共同体内型，这种共同体出现于多元信仰的"异质性价值密集"占核心地位的复杂社会当中，在大都市中尤其明显。这是一种集体团结的新形式，类似于康德的"审美共同体"，既没有义务也没有担当，放弃了责任、苦行、统一和目的。① 在世界性都市如东京、伦敦、巴黎、洛杉矶、圣保罗等，作为全球文化的象征，代表了"那些以各种方式逐渐独立于民族国家的实践、知识体系、习俗与生活方式"，"正是这些世界都市的特定区域整合了特定的服务，生产出国际性的社会关系、实践与文化"②。

（三）传播与城市共同体两种观念

1. 传播与城市共同体的整合观

20 世纪 20 年代，芝加哥城市社会学派产生的历史场景，正是美国处于城市化进程的转折时刻，区别于传统小城镇的大型都市开始涌现，传统社区的有机共同体向城市化原子化社会转变。在这样一个历史情境下，他们关注社会、文化的整合。芝加哥学派学者帕克在《城市：对于开展城市环境中人类行为研究的几点意见》一文中，开篇就提出："城市，它是一种心理状态，是各种礼俗和传统构成的整体，是这些礼俗中所包含，并随传统而流传的那些统一思想和感情所构成的整体。"③ 也就是说，帕克是在城市整合的视野下开展城市研究，对城市的预设是有机体。随着城市人口规模的增大，人口的流动，以及交通和通信的发展，城市社区中人与人之间的关系由"次级关系"取代了原来乡村社会面对面的"隶属关系"。城市处于离散状态，寄望通过媒介（报纸）作为黏合剂来恢复社会的秩序。他提出："报纸是城市范围内通讯传递的重要手段。公众舆论正是以报纸所提供的信息为基础的。报纸提供的第一个功能，便是以前村庄里的街谈巷议所起的功能。"④ 同是芝加哥学派的沃斯富有远见地

---

① ［英］迈克·费瑟斯通：《消解文化——全球化、后现代主义与认同》，杨渝东译，北京大学出版社 2009 年版，第 65—66 页。

② 同上书，第 167 页。

③ ［美］R. E. 帕克：《城市：对于开展城市环境中人类行为研究的几点意见》，载［美］R. E. 帕克、E. N. 伯吉斯、R. D. 麦肯齐《城市社会学——芝加哥学派城市研究》，宋俊岭、郑也夫译，华夏出版社 2012 年版，第 1 页。

④ 同上书，第 40 页。

看到了异质性是都市的重要特征，这既是城市的希望也是问题所在，城市人口的异质性带来了城市生活的重重问题："个体与将社会凝聚在一起的组织团体分离，大批居无定所的个体使城市共同体的集体行为变得无可预见，问题重重。"① 如何解决城市的问题，媒介在其中起什么作用呢？ 他提出："在拥有更多个体的共同体内，人们彼此不了解，无法聚集在一起，因此有必要通过媒体的间接作用相互交流。"② 他表达的意思即通过媒体的间接作用维系拥有更多的异质性个体的城市共同体。综上，在芝加哥城市学派看来，城市作为共同体必须整合，媒介（报纸）通过信息传递，整合处于原子化的城市社会，媒介作为一种工具手段起一种整合功能。

2. 传播重构了都市

不同于芝加哥城市社会学派关注都市文化如何整合的问题，并把报纸理解为都市文化的整合功能。20 世纪 60—70 年代，从早期工业社会进入了成熟工业社会，面对新的社会现实，新都市社会学家在全球化的视野中关注大都市文化的重要性以及多重文化世界里都市经验的多样性。在新都市社会学家看来，社会、文化整合不再那么重要，更加关注冲突与协商。作为都市研究领域最重要的思想家亨利·列斐伏尔"将空间的重组看成是战后资本主义发展以及全球化进程中的一个核心问题"。他反对把空间仅仅看作是社会关系演变的静止容器的传统城市社会理论，他认为："空间是资本主义条件下社会关系的重要一环，空间是在历史发展中产生的，并随历史的演变而重新结构和转化。"③ 受亨利·列斐伏尔关于空间理论的启发，索亚指出，空间生产既是社会关系和行为的媒介也是其结果。④ 正因为如此，人文地理学者大卫·哈维在《巴黎城记：现代性之都的诞生》中从多个维度探讨了城市空间生产如何再造新的社会关

---

① ［美］路易斯·沃思：《作为一种生活方式的都市主义》，载汪民安、陈永国、马海良主编《城市文化读本》，北京大学出版社 2008 年版，第 150 页。

② 同上书，第 148 页。

③ 包亚明：《现代性与空间的生产》，上海教育出版社 2003 年版，第 16 页。

④ ［美］爱德华·W. 索亚：《社会生活的空间性：迈向转型性的理论重构》，载［英］德雷克·格利高里、［英］约翰·厄里《社会关系与空间结构》，谢礼圣、吕增奎等译，北京师范大学出版社 2011 年版，第 95 页。

系和形塑新的共同体。① 从他们对空间的表述来看，有一点是可以肯定
的：空间不是先验和空洞的，而是社会、历史、文化的产物；同时，空
间会生产新的社会关系。城市文化学者雪伦·朱津认为："人类生活不是
简单地运作于城市之中和城市之上，而是很大程度上从城市发源，从城
市生活复杂的特殊性和激发点上发源。"在这个意义上，她提出了"谁的
文化？谁的城市"？她认为文化同样是控制城市空间的一种有力手段。②
同时，文化是各种不同社会群体在城市的公共空间中争取生活方式再现
的一种动态过程。她在《裸城》一书中检视了都市中的"奇特空间"
（具有独特历史和传统的邻里）及"共同空间"（如公园和社区农园等供
大众使用的空间），指出"公共文化乃是在不同族群的对话过程中持续不
断地生产"③，从而形成真正由市民所共享的公共文化。也就是说，在流
动、充满冲突的异质性都市中，要形成市民所共享的共同文化，都市空
间中的对话、沟通、交流异常重要。

　　"交往是引起现代化的关键因素。正是交往的压力带来了传统社会的
土崩瓦解。"④ 交往、对话、沟通，是城市生活方式的本质和精髓。对于
汉娜·阿伦特来说，关于城邦概念最重要的是，它为公民对话和参与提
供了一个公开和公共的地点。⑤ 古希腊城邦的文明就是建立在交流的基础
上。著名城市学者简·雅各布斯在她富有启发性的著作《美国大城市的生
与死》中提出："城市的最本质的特性在于寻求人与人之间的亲密和谐。城
市必须有喧闹声和街市，必须有那些发生在拱廊街道上的有规律的商业交

　　① 汪民安：《现代性的巴黎与巴黎的现代性》，载［美］大卫·哈维《巴黎城记：现代性
之都的诞生》，黄煜文译，广西师范大学出版社 2010 年版，第 XI 页。
　　② ［美］雪伦·朱津（Sharon Zukin）：《城市文化》，张廷佺、杨东霞、谈瀛洲译，上海教
育出版社 2006 年版，第 5 页。
　　③ 颜亮一：《导论：纯正都市的挑战与机会》，载［美］雪伦·朱津（Sharon Zukin）《裸
城：纯正都市地方的生与死》，王志弘、王玥民、徐苔玲译，台北群学出版有限公司 2012 年版，
第 XiV 页。
　　④ ［美］埃弗里特·M. 罗吉斯、［美］拉伯尔·J. 伯德格：《乡村社会的变迁》，浙江人
民出版社 1998 年版，第 309 页。
　　⑤ ［美］安东尼·奥罗姆、陈向明：《城市的世界——对地点的比较分析和历史分析》，曾
茂娟、任远译，上海人民出版社 2005 年版，第 11 页。

往。只有通过时常发生在人与人之间的交往，才能形成真正的城市生活。"①
城市社会学家刘易斯·芒福德也看到了对话、沟通对城市的意义："城市是
一个专门用来进行有意义的对话的最广泛的场所。对话是城市生活最高表
现形式之一，是长久的青藤上的一朵花。城市这个演戏场内包括人物的多
样性使对话成为可能……城市发展的一个关键因素在于社交圈子的扩大，
以致最终使所有人都能参加对话。……不止一座历史名城在一次决定其全
部生活经验的对话中达到了自己发展的极顶。"② 正是在这个意义上，刘
易斯·芒福德提出了对城市本质的看法："城市是个地理联结（geographic
plexus），经济组织、制度过程、社会行动的剧场，以及集体的美学象征。
城市孕育艺术，本身也是艺术；城市创造剧场，本身就是剧场。"③ 用
"地理联结"的说法，在人文地理学者史提夫·派尔看来，就是"城市由
许多网络组成，流通、交换和互动则在这些网络里发生"④。而在人文地
理学者朵琳·玛西看来，"广泛社会关系网的交错（单纯的交会），不足以
造就一个城市，需要积极活泼的互动"⑤。这些城市学者都指出了交往、沟
通、对话对造就一个城市的极其重要性。正是在这个意义上，传播学者谢
静指出了城市的根本特性："城市既是经济载体，又是人们生活交往的场
所，是创造意义建构认同的空间。" 从网络的观点视之，"城市是一种复
杂网络"⑥。而传播就是编织网络、建构关系的基本过程。⑦

　　曼纽尔·卡斯特把城市看作是由空间过程和文化形式构成。他认为，

---

　　① ［美］安东尼·奥罗姆、陈向明：《城市的世界——对地点的比较分析和历史分析》，曾茂
娟、任远译，上海人民出版社 2005 年版，第 25 页。
　　② ［美］刘易斯·芒福德：《城市发展史：起源、演变和前景》，宋俊岭、倪文彦译，中国
建筑工业出版社 2005 年版，第 122—124 页。
　　③ ［美］刘易斯·芒福德：《城市文化》，宋俊岭、李翔宁、周鸣浩译，中国建筑工业出版
社 2009 年版，第 507 页。
　　④ ［美］史提夫·派尔：《城市是什么?》载［美］朵琳·玛西、［美］约翰·艾伦、［美］
史提夫·派尔《城市的世界》，王志弘译，台北群学出版有限公司 2009 年版，第 16 页。
　　⑤ ［美］朵琳·玛西：《世界中的城市》，载［美］朵琳·玛西、［美］约翰·艾伦、［美］
史提夫·派尔：《城市的世界》，王志弘译，台北群学出版有限公司 2009 年版，第 124 页。
　　⑥ 复旦大学信息与传播研究中心课题组、谢静：《可沟通城市：网络社会的新城市主张》，
《新闻与传播研究》2015 年第 7 期。
　　⑦ 孙玮：《传播：编织关系网络——基于城市研究的分析》，《新闻大学》2013 年第 3 期。

21 世纪前期都市面临的挑战是"不再有一个支配性的文化，而是不同文化与认同如何分享一个城市的问题"①。在全球化、城市化、新技术时代，"信息时代的城市文化将地方身份和全球网络聚到一起以恢复权力和体验、功能和意义、技术与文化之间的相互作用。人们将会抗拒个体化和社会原子化的过程，而更愿意在那些不断产生归属感、最终在许多情况下产生一种共同的文化的认同的共同体组织中聚集到一起。危机中的地方文化是全球无时间性的逆向表达"。而"文化共同体的建构并不是任意的，而是以历史、地理、语言和环境等原材料为基础。它是构筑起来的，然而围绕被历史和地理所决定的反应和规划而物质性地构筑起来"②。人们要在处于全球网络节点的城市世界中生存下去，在有差异的但却相互交流的地方社会中共同生活，那就要求"城市在一种新的技术范式中必须变成超级沟通的城市，通过各种各样的交流渠道（符号的、虚拟的、物质的），既能进行局部交流也能进行全球交流，然后在这些渠道之间架起桥梁"。因为"在不可交流的地方空间和全球的、非历史的、起重要作用的流动空间之间没有符号的桥梁，可能引发城市文明的危机"③。也就是说，在曼纽尔·卡斯特的视野中，城市要成为一个能充分交流的媒介，以此来重建城市生活，传播在都市社会中起基础性的作用。

从西方传播与城市共同体的理论脉络来看，城市是芝加哥学派思考报纸之意义的历史场景和现实框架，芝加哥学派指出了传播、媒介作为整合城市共同体工具性的角色和作用。而新都市社会学理论家看到了全球化时代传播重构了都市以及、媒介（包括实体和虚拟）在异质多元的都市中起基础性地沟通作用。这些理论具有一定的洞见，而作为早在 20 世纪 30 年代经历了"第一轮全球化"的世界上"独一无二"的上海城市

---

① ［美］曼纽尔·卡斯特：《21 世纪都市社会学》，刘益诚译，载罗岗主编《帝国、都市与现代性》，江苏人民出版社 2006 年版，第 249 页。

② ［美］曼纽尔·卡斯特：《认同的力量》，曹荣湘译，社会科学文献出版社 2006 年版，第 65—69 页。

③ ［美］曼纽尔·卡斯特：《信息时代的城市文化》，载汪民安、陈永国、马海良主编《城市文化读本》，北京大学出版社 2008 年版，第 360—362 页。

共同体在新一轮全球化重新崛起过程中提供了难得的"地方性知识"①。

二　报纸与上海

（一）作为都市共同体的上海

上海自 1843 年开埠以来，近 100 年间处在一市三治的状态中。这里有三类市政机关，三个司法体系，四种司法机构，三个警察系统，三个公交系统，三个供电系统，电压两种，有轨电车路轨也分宽窄两类。行政机构多元、司法系统多元、交通系统多元、货币多元构成了上海异质性程度在世界范围内的唯一性。上海在古今中外城市史上，可称得上一个"独一无二的城市"。② 通过"中外携手联合，又不断冲突，使上海成为一个有多元文化而充满矛盾，稳定中时有躁动的现代化大都市"③。在上海遭遇突发事件时，比如，义和团运动、太平天国起义以及八国联军入侵，中外势力处于保护地方利益的考虑联合起来一致行动，出现中外互保上海稳定的局面，这说明"近代上海在一定意义上，已经成为中外绅商的利益共同体"④。上海城市因此是一个中外高度融合的共同体。李天纲谈到近代上海的主体性问题时，到 20 世纪 30 年代，上海形成了一个以华人为主体的融合了西方侨民利益和文化的现代城市自治。同时援引一位德国传教士对上海的考察："上海经过欧洲各国的努力，发育成长为一个具有特色的，中国人自己的中西交融的现代都市共同体。"⑤ 上海作为世界上独一无二的城市共同体包括三个维度：

1. 都市共同体的内核——"上海现代性"

（1）都市现代性

"自从 19 世纪出现了巴黎和伦敦这样的现代意义的大都市以来……现代人、现代性、现代大都市才结合在一起。"在城市和乡村视角中，

---

① 熊月光：《近代上海为全球化问题提供了难得的地方性知识》，澎湃新闻网，https：//www. thepaper. cn/newsDetail_forward_1549502，2016 年 10 月 26 日。

② 熊月之：《异质文化交织下的都市生活》，上海辞书出版社 2008 年版，第 1—4 页。

③ 唐振常：《近代上海繁华录》，香港商务印书馆 1993 年版，第 14—15 页。

④ 熊月之：《异质文化交织下的都市生活》，上海辞书出版社 2008 年版，第 249 页。

⑤ 李天纲：《谁的上海——近代上海社会的主体性问题》，《文汇报》2010 年 4 月 14 日第 12 版。

"城市被看作是现代性的一个载体"①。"城市是现代性之镜。"② "现代性在城市里的表现特别明显，而城市化又是现代性的一部分，两者是互相含摄的。"③ 从某种意义上说，现代城市与现代性是一体两面的关系。④ 在齐美尔的视野中，都市是现代性展开的空间。现代大都会的典型特征是陌生人的流动和"震惊"的体验。在齐美尔看来，"现代性的本质是心理主义的，即根据我们内在生活的反应来体验和解释这个世界。在躁动的灵魂中凝固的内容均已消解，一切实质性的东西均已滤尽，而灵魂的形式则纯然是运动的形式"⑤。

（2）上海现代性的独一无二

上海开埠以前，只是江南的一个普通的"滨海县城"⑥，隶属于松江府。开埠以后，百年之内，上海崛起，"一九三〇年的上海确实已是一个繁华的国际大都会——世界第五大城市"⑦。并且成为"东亚第一大都会"⑧。"上海在百年的时间里，逐渐获得了一系列含义，其中包括流动、变迁、不稳定、转瞬即逝、幻想、光怪陆离、沉醉、幻灭。这些含义中的'时间'主题，说明人们对中国这座最现代的都市的感觉和体验都有了根本的变化。"⑨ 相比乡村文明，现代都市带来的是一种现代性的体验。

20 世纪 30 年代，上海已经历了"第一轮全球化"⑩。著名学者叶文

---

① 汪民安：《序言：如何体验和研究城市》，载汪民安、陈永国、马海良主编《城市文化读本》，北京大学出版社 2008 年版，第 6 页。

② ［英］Simon Parker：《遇见都市：理论与经验》，王志弘、徐苔玲译，台北群学出版有限公司 2011 年版，第 201 页。

③ 巫仁恕：《从城市看中国的现代性》，载巫仁恕、康豹、林美莉主编《从城市看中国的现代性》，台北"中研院"近代史研究所 2010 年版，第 iv 页。

④ 孙玮：《作为媒介的城市：传播意义再阐释》，《新闻大学》2012 年第 2 期。

⑤ 包亚明：《现代性与空间生产》，上海教育出版社 2003 年版，第 2 页。

⑥ 熊月之、周武：《海纳百川——上海城市精神纵横谈》，上海人民出版社 2003 年版，第 46 页。

⑦ 李欧梵：《上海摩登——一种新都市文化在中国》，毛尖译，人民文学出版社 2010 年版，第 3 页。

⑧ 叶文心：《上海繁华：都会经济伦理与近代中国》，王琴、刘润堂译，台北时报文化出版公司 2010 年版，第 11 页。

⑨ 张英进：《空间、时间与性别构形——中国现代文学与电影中的城市》，江苏人民出版社 2007 年版，第 96 页。

⑩ 李天纲：《南京路：东方全球主义的诞生》，上海人民出版社 2009 年版，第 1 页。

心从商业和文化的角度认为上海现代性的出现主要归因于整个城市文化工业的商业利益的运作。"全球的商业和文化力量使民国上海溢出了古老中国的脉络。""民国上海不仅是中国的一部分，同时也是由跨越民族边界的全球力量重塑的城市。"叶文心在《上海现代性：一个民国城市的商业与文化》中引用李伯元小说《文明小史》的一个故事说明了都市文明与乡土文明的区别：

> 乡绅姚老夫子带着儿子和同乡的三位贾性后生周游上海。在一间茶馆里，姚老夫子制定了一个游历章程：白天里看朋友、买书，有什么学堂、书院、印书局，每天走上一二处，也好好长长见识。等到晚上，听回把书，看回把戏，吃顿把宵夜馆。等到礼拜，坐趟把马车，游游张园。……至于另外还有什么玩的地方，不是你们年轻人可以去得的，我也不能带你们走动。紧接着，一个卖报的人走来。姚老夫子买了一张《新闻报》，指着报同徒弟说道："这就是上海当天出的新闻纸，我们在家里看的都是隔夜的。甚至过了三四天的还有。要看当天的，只有上海本地一处有。"①

到上海去，叶文心认为"是一趟去往有着另外一种时间的地方的旅程"。正因为此，作为一个现代都市的上海，"城市经验不仅改变了人们对时间的感知而且扩展了通达国外想象的空间，这种完全不同的经验，使新的社会实践成为可能，重新定义了共同体的边界，一定程度上根本重构了中国性本身"②。上海开埠以后，文化上由"洋""商""女性"共同交织成一个新的秩序。而永安公司建构的南京路现象，从城市发展的角度看，代表的是消费观念上的突破。百货公司与广告业共同建构某种都会逻辑，重新组合文化与空间。20 世纪 30 年代的上海以国货为主导，通过广告推销及百货商行，充分建构了现代性都市辉煌的景象。③ 在叶文

---

① Wen-Hsin Yeh，"Shanghai Modernity：Commerce and Culture in a Republican City"，*China Quarterly*，Vol. 150，No. 2，June1997，pp. 375–394.

② 同上。

③ 叶文心：《从都市"奇观"到"辉煌"景象》，《文汇报》2006 年 6 月 11 日第 10 版。

心看来，"南京路现象，不仅是实体的百货商店的聚合，而且是一种因大众传播广告媒介的介入而生产的关于现代商业商标和形象符号的拼贴。这种商业文化的形象和商标符号广告是商业流行文化的主要产品，有利于定义上海现代性的本质"。上海现代性也体现在"大众传播媒介对商业广告的介入，使妇女从封闭的私人空间进入了公共的消费网络，生产了一个新的社会空间"①。

正如迈克·费瑟斯通所说，在全球化时代，现代性不只是一个纯粹的时间概念，看作一个时代，还应该从空间和关系的维度来看待。② Samuel Y. Liang 也指出："现代性体现在资本主义发展的空间战略。一方面，它撞击了阻碍穿越民族和全球活动的'中国城墙'，另一方面，它产生了新的地理不平衡——更加分割的城市、地区和全球的空间，这些空间带来了资本、劳动力、原材料和产品的持续流动。"③ 近代上海都市的出现，使得"人们在上海得到与故乡不同的时间与空间上的体验，来组织不同的公共或私人生活。电灯将日常活动的时间拉长。自来水等新出现的器物让人们充分体验到现代生活的便利。娱乐业与文化产业发展起来。在空间上，上海不仅有新式的文化机构，供私人聚会的开放的私人花园如张园，以及不是年轻人可以去得的妓院、戏园等公共空间。另外，茶馆空间又是贩报读报、报人获取信息、市民交换都市留言奇谈的交往空间。如果将公共空间延伸到哈贝马斯所说的'公共领域'（public sphere），那么，在上海则有新闻纸。新闻纸是一种讲求时间性的商品；这种时间性又划分了上海与周边市镇的空间层级结构。复数的时间和空间纠缠在一起，共同编织上海现代性的传奇"④。换句话说，作为媒介的城市包括实体空间和虚拟空间，带来了不同传统社会的复数的时间和空间，编织着

---

① Wen-Hsin Yeh, "Shanghai Modernity: Commerce and Culture in a Republican City", *China Quarterly*, Vol. 150, No. 2, June1997, pp. 375 – 394.

② ［英］迈克·费瑟斯通：《消解文化：全球化、后现代主义与认同》，杨渝东译，北京大学出版社 2009 年版，第 203 页。

③ Samuel Y. Liang, *Mapping Modernity in Shanghai: Space, Gender, and Visual Culture in the Sojourners' City* 1853 –98, New York: Routledge, 2010, p. 38.

④ 季凌霄：《国家话语及之外：晚晴上海小报》，公派研究生出国留学补充材料：研究计划（未刊发），2014 年。

上海独特的现代性。

在历史学者白吉尔教授看来，促进上海开埠后迅速发展的原因是上海和上海人素质具有现代性："上海居民的构成决定了这个城市的特点。除了老城厢居民圈外，上海称得上是个移民城市。……这座城市虽然存在着外国租界，华洋杂处，但没有像世界上其他殖民地城市那样丧失自我。……在这里，古老的中华文明和西方的现代文化的相撞是以实用主义的方式来达到平衡的。……在接连不断的撞击中，上海的本质发生了变化，现代性逐渐融入了她的肌肤。纵观上海史，上海人已从西方人那里学来的经验来对抗西方以经济现代化和社会进步为主体的挑战，以现代性来迎击西方。"① 导致的结果是"自 19 世纪以来，上海现代性得到了充分发展，这往往与国家机器无关，偶尔与它对抗，难得与她和解……上海优势的奠定，应归功于她创造的中国式现代性"②。而上海现代性的独特在于"不同于北京的官场传统，也不同于广东的买办传统，其特征是'驾驭西化，因地制宜，自我完善，改造社会'"③。

在清末政治格局中，上海扮演着极为特殊的角色，它是一块"中间地带"，是华洋之间的"中间地带"，朝廷与地方之间的"中间地带"，也是传统与现代之间的"中间地带"。④ 正是这种"中间地带"，上海在近代成为差异度很大的异质文化聚合的空间。民国一位留学西方的学者曾觉之在论述上海特殊性时指出："人常讥上海四不像，不中不西，亦中亦西，无所可而无所不可的怪物，这正是将来文明的特征。"⑤ 上海是一个"马赛克"城市，英、法、美租界，"再加上原来的县城及其背后的传

① 张仲礼：《序》，载［法］白吉尔《上海史：走向现代之路》，王菊、赵念国译，上海社会科学院出版社 2005 年版，第 1—3 页。

② ［法］白吉尔：《上海史：走向现代之路》，王菊、赵念国译，上海社会科学院出版社 2005 年版，第 4 页。

③ 同上书，第 399 页。

④ 熊月之、周武主编：《上海：一座现代化都市的编年史》，上海书店出版社 2007 年版，第 201 页。

⑤ 曾觉之：《上海的将来（六六）》，载新中华杂志社编《上海的将来》，中华书局 1934 年版，第 77—80 页。

统水乡，上海形成了一个世所罕见地极为不合常规的城市空间"，由于它们之间的相互渗透，出现了罕见的异文化的越界乃至融合的现象，产生了世界性大都市特有的极其"混沌"的景观。① 因此，在有的学者看来，上海现代性最为突出特点是东西方文化碰撞下产生的"混杂性"和"异质性"，在世界范围内构成了一个独一无二的现代性经验。②

　　要真正认识上海现代性，除了需要研究上海的经济成就和社会演变，还需要在蓬勃发展的"海派文化"中寻找。"海派，或'上海风格'，是对现代中国的国际性商业文化的一种表述。"③ 海派最初指一种融合了西洋技法的地方戏曲。后来，含义进一步扩大，不仅用来形容上海的日常生活，也可以用作文学或艺术的表现形式。历史学者许纪霖指出："海派文化具有世界主义的性质，这个世界主义，不是单数的世界，而是复数的世界，是东洋西洋八面来风的世界。"④ 而作为中西文化撞击并相融下的特殊产物的海派文化是"独一无二"⑤ 的，其特殊性在于"对中国传统文化和外国模式的双重背叛"⑥。由此形成了不中不西，亦中亦西的特殊的文化形态。也正因这种特殊性导致对海派的评价历来是褒多贬少。在一个以一元化为意识形态基础的时代，以"海纳百川"著称的海派文化为精神的上海，在一个和海洋馆隔绝的世界里，渐渐地失去了身份的合法性。⑦ 在学者张广崑看来，"建国后 30 年，海派作为特定历史条件下的特定文化，尽管已经失去某种形式或实体意义，作为一种'意识'，却长久地沉淀下来，成为上海文化最基本、最稳定的精神内核"⑧。以海派

---

① 刘建辉：《魔都上海——日本知识人的"近代"体验》，甘慧杰译，上海古籍出版社 2003 年版，第 7—9 页。

② 孙玮：《作为媒介的外滩：上海现代性的发生与成长》，《新闻大学》2011 年第 4 期。

③ ［法］白吉尔：《上海史：走向现代之路》，王菊、赵念国译，上海社会科学出版社 2005 年版，第 202 页。

④ 许纪霖、罗岗等：《城市的记忆：上海文化的多元历史传统》，上海书店出版社 2011 年版，第 11 页。

⑤ 唐振常：《近代上海繁华录》，香港商务印书馆 1993 年版，第 15 页。

⑥ ［法］白吉尔：《上海史：走向现代之路》，王菊、赵念国译，上海社会科学出版社 2005 年版，第 202 页。

⑦ 孙玮：《作为媒介的外滩：上海现代性的发生与成长》，《新闻大学》2011 年第 4 期。

⑧ 张广崑：《市民性：上海文化的主色调》，《上海大学学报》（社会科学版）1997 年第 12 期。

为载体的上海现代性也逐渐成为上海这个城市共同体的深层结构，在
上海新一轮的全球化过程中逢遇合适的时机经由传播逐渐重新浮出历
史地表。

2. 都市共同体的主体——"上海人"（身份指认、市民意识等）

近代上海是一个高度发达的移民城市。上海史学者熊月之就文化
意义上的上海人进行了历史的考察，"文化人类学意义上的上海人概
念的形成，是在 19 世纪末、20 世纪初。上海形象的稳定、移民居留
的时间较长、对上海城市的依恋和公共媒介的整合作用促其移民的认
同"。而上海人认同的特殊之处在于 1958 年户口制度实行之前保持着
上海与原籍的双重认同。1958 年后，上海实行最严格的户籍管理制
度，"催发了上海人特殊的上海意识，至此演变为单一的认同"①。这
种状况直到上海重新改革开放重返移民城市才得以逐渐改观。由于开
埠以来近代上海人口的"华洋杂处"，关于上海人认同的特殊之处还
在于认同的主体包了外国人。1893 年，外侨举行上海开埠 50 周年庆
典。有位寓沪西人致信《新闻报》馆，认为自己在上海生活多年，对
上海贡献甚大，不应该再被视为外国人，把自己当成上海居民，自称
Shanghai lander。在历史学者熊月之看来，这是"民族主义高涨以前
上海外侨对上海城市高度认同的标志"②。历史学者李天纲进一步指出
上海人认同的特殊性："开埠 80 年以后，现代大都市上海，出现了一种
和别的区域群体相区别的精神气质，这种精神气质统摄了市民生活，把
个体凝聚为群体，使自己区别于其他人。1930 年的上海，'上海人'，不
单单是指那些住在上海，来自上海的人们，而是指称着一种新的生活方
式，一种身份意识，并且常常和'都市人'、'现代人'、'文明人'有所
牵连。上海人的'海派'、'洋派'、'现代派'常常具有城市共同体认同
的感觉。"最后，他提升到了理论的高度指出："外侨和华人一起，造成
了'上海人'的独一无二——一种结合'全球性'和'本土性'的'新

①　熊月之：《略论上海人的认同》，《学术月刊》1997 年第 10 期。
②　熊月之：《略论近代外侨对上海城市的认同》，"多学科视野下的上海史研究"学术讨论
会论文，复旦大学，2014 年 4 月 17 日。

上海人'。"① 历史学者许纪霖也颇有见地地指出上海人自我认同的特殊性，"一方面与全球化相关，另一方面又与'中国'区隔。这些历史的、文化的因素，形成了上海人独特的身份认同"②。

"上海城市共同体以经济利益为基础，以日常生活为文化纽带，使得上海人的身份体验产生了奇异的景象。"③ 近代上海的优越感，除了都市人认同感相对于乡村而言又加上了另外一层西化带来的特殊感受。这种特殊感并不完全是上海人的自我感觉，它常常更是上海以外的人们对于上海和上海人模式化的印象。④ 1949 年之后，随着官方意识形态朝着毛泽东另类现代性的转向，上海遭遇到官方立场的批判谴责。但研究者认为，"大部分老百姓并未接受官方的宣传。尤其都市里那些对现状不满的人来说，欧美是与他们不得不生活于其中的环境相对立的一种精神寄托。西方的东西成了越禁越香的禁果。即使在文化革命最激烈的年代里，'洋派'一词从未是贬义词。上海，中国最西化的城市，便继续成为一个优越性的象征"⑤。20 世纪 60 年代到 70 年代末，当时的上海是全国的工业、经济、文化的中心，上海人的身份依然是优越的。但 20 世纪 80 年代随着上海城市在全国改革布局中的衰落，外地人对上海人的评价出现了"小气、精明不高明、排外"等贬称。这样，"曾经优越感十足的上海人，一定意义上完成了自身形象的塑造，一个区别于一般南方人的新称谓'上海人'在全国通行并取得认同地位，变成了一个褒贬参半响亮而又暧昧的字眼"⑥。学者孙玮指出："上海人在全中国人的心目中，是一个被艳羡和嫉恨双重情绪纠缠的对象。"⑦

---

① 李天纲：《谁的上海？——近代上海社会的主体性问题》，《文汇报》2010 年 4 月 14 日第 12 版。

② 许纪霖、罗岗等：《城市的记忆：上海文化的多元历史传统》，上海书店出版社 2011 年版，第 7 页。

③ 孙玮：《作为媒介的外滩：上海现代性的发生与成长》，《新闻大学》2011 年第 4 期。

④ 卢汉超：《上海城市的文化认同及其开放与容纳》，《学术月刊》2004 年第 7 期。

⑤ 同上。

⑥ 张广崑：《市民性：上海文化的主色调》，《上海大学学报》1997 年第 12 期。

⑦ 孙玮：《上海城市地方主义与传媒想象——周立波现象分析》，《新闻大学》2010 年第 4 期。

上海人的主色调是市民性，这是近代上海都市的产物和主体。"在近代中国的社会历史中，市民早就露过身影，各种市民团体也曾在政治、经济、文化舞台上，都有过可圈可点的表演。特别像上海，它是有过丰富多彩的城市社会的历史。"① 在著名上海史学者唐振常看来，"近代上海对中国社会的意义，不仅仅是建立了一套与中国古代城市完全不同的城市市政建设和管理制度，更重要的是，它在构筑近代城市物质形态的同时，也培养了近代的市民意识，即'公共意识'"②。上海人市民性的行为特点，有学者归纳为五点：处事精明，讲究实惠，重视规范，崇洋不媚外，行动敏捷。而精明是上海人行为方式的核心。③ 近代上海是一个以货币为中介的高度商业化空间，精明的行为方式是都市商业精神和都市现代性的体现。但正是上海人的精明，因社会主义计划时代对市场经济的禁锢以及都市现代性的衰退带来了 1980 年代地方媒介中外地人对上海人"精明不高明"的劫难，这一现象直到 20 世纪末上海实现再次腾飞而有所改观。

3. 都市共同体的精神内涵——"上海精神"

当今城市精神是一个高频字眼，但迄今没有一个正式的权威的定义。上海史学者熊月之初步提出了城市精神的定义："城市精神，是指一个城市通过其市民行为方式（包括生活方式、生产方式、交往方式）、规章制度、文化艺术、伦理道德、城市景观等方面体现出来的共同的价值观念、心理导向，是植根于城市的历史、体现于城市的现实、引领着城市未来、区别于其他城市的灵魂。"并认为"多元、宽容、开放、灵活成为现代大城市共同的城市精神。"在这样一种认识的基点上，概括提炼了"海纳百川、服务全国、艰苦奋斗、追求卓越"的当代上海精神内涵。④ 并部分地成为地方政府关于上海城市精神的表述。

这样一种对"上海精神"静态的把握有一种本质主义规定之嫌。尽管

---

① 陈映芳：《上海的明天：市民与城市社会》，《档案与史学》2003 年第 5 期。

② 唐振常：《市民意识与上海社会》，《上海社会科学院学术季刊》1993 年第 1 期。

③ 熊月之：《上海人一百年》，《档案与史学》2000 年第 2 期。

④ 熊月之、周武：《海纳百川——上海城市精神纵横谈》，上海人民出版社 2003 年版，第 19—25 页。

"上海的价值体系是在变动不居的时空中转化"①，但也可以说明的是上海精神别是日常生活层面的上海特性几经政权的更替和意识形态的改造作为"顽固的传统"却一以贯之，成为新时期上海城市共同体建构的精神内涵。对于上海，1949 年以后经过国族精神的重构后，国家入场，都市逐渐"远去"。②20 世纪 80 年代以来，特别是 20 世纪 90 年代以后，随着上海城市的再次腾飞，都市逐渐重新经由大众媒介浮现出来，上海经历了新一轮的抽象层面的"上海再造"。而"上海城市精神的重构，依然不能不回到那个历史时刻——开埠"③。在这个意义上说，开埠纪念日也成为上海城市的"热点时刻"。传播学学者孙玮在《制造上海：报纸中的"上海开埠"——以 2003 年为例》一文中围绕 2003 年上海本地报刊对上海开埠 160 周年的集体报道，探讨了在新的时代背景下，上海报纸制造了围绕上海开埠以来历史的"众声喧哗"。认为这是一次"学者与媒介合谋，以开埠为由头，集中阐发了上海精神的内涵。是精神文化层面'上海再造'史无前例的集中爆发"④。

其实，上海精神并非虚空的所指，实体的都市空间与抽象层面的城市文化精神深深地交织在一起。"作为媒介的外滩，因现代性的交流本质而生成，这个意义镌刻在那些建筑物、道路、公园、纪念碑上，直达生活在这个城市的市民心中。时间流转，外滩象征的文化扎根于市民日常生活，变成这个城市的精神气质。"⑤

（二）传播与上海都市共同体

长久以来，在中国的历史语境中，以民族国家为主体的历史叙事，压抑了多个层面共同体的叙事，导致多元历史的丧失。正如史书美指出："在中国共产党自 20 世纪 30 年代至 70 年代晚期的民族主义想象中，上海这座城市引发了一种嫌恶感，上海被视作是民族耻辱和殖民剥削的象征。共产党致力于减少殖民主义的痕迹，即便不推倒那些殖民主义的建筑，也要对

---

① 杜维明：《全球化与上海价值》，《史林》2004 年第 2 期。

② 张济顺：《远去的都市：1950 年代的上海》，社会科学文献出版社 2015 年版。

③ 孙玮：《"上海再造"：传播视野中的中国城市研究》，《杭州师范大学学报》（社会科学版）2013 年第 2 期。

④ 孙玮、李美慧：《制造上海：报纸中的"上海开埠"——以 2003 年为例》，《新闻大学》2009 年第 4 期。

⑤ 孙玮：《作为媒介的外滩：上海现代性的发生与成长》，《新闻大学》2011 年第 4 期。

其市民进行极端的意识形态改造。"① 如果我们从这个历史叙事的角度考察大众媒介可以发现，大众媒介在以往扮演的常常是扫荡、夷平城市地方文化的角色。但是，在全球化时代，在持后现代立场的迈克·费瑟斯通看来，"社会"这个与民族国家紧紧联系在一起的概念，将不能再被视作社会学的唯一主题。② "一些旧有的共同体（即'共同文化'，它既是国家的民族自我形成过程的目标，也是艺术家和知识分子相对的反文化运动的目标）将出现萎缩，或者发现自己尴尬地与其他传统与价值体系并置在一起，而后者是在更广阔、更复杂的全球浓缩的文化形式下难以被否认和忽视的。"③ 历史学者杜赞奇也如是说："现代民族国家必须面对其他（包括历史的）共同体的表述，甚至与之交锋。"④

与全球化时代保持竞争力的"命令"做斗争的活动在国家层面无法进行，但在城市层面往往可以实现。⑤ 在当前新一轮的全球化时代，正在崛起的城市地方共同体就是与民族国家框架并置的一个文化形式和价值体系。而"在以民族国家作为官方意识形态的中国，城市正在被赋予重要和特别的意义，中观层面的地方主义开始在民族国家内部浮现出来"⑥。大众媒介作为"文化生产者不能仅仅被理解为自己民族国家的中介与代表"⑦，而是在城市地方共同体的建构过程中角色和作用不可替代。"上海，这个早在 100 多年前就经历了第一次全球化的东方民族国家的城市，在当下新一轮全球化浪潮中，遭遇了城市共同体重构的严峻挑战。"⑧ 其

① ［美］史书美：《现代的诱惑：书写半殖民地中国的现代主义（1917—1937）》，何恬译，江苏人民出版社 2007 年版，第 264 页。

② ［英］迈克·费瑟斯通：《消解文化——全球化、后现代主义与认同》，杨渝东译，北京大学出版社 2009 年版，第 114 页。

③ 同上书，第 71 页。

④ ［美］杜赞奇：《从民族国家拯救历史：民族主义话语与中国现代史研究》，王宪明、高继美、李海燕、李点译，江苏人民出版社 2009 年版，第 7 页。

⑤ ［加］贝淡宁、［以］艾维纳：《城市的精神——全球化时代，城市何以安顿我们》，吴万伟译，重庆出版社 2012 年版，第 6 页。

⑥ 孙玮：《上海城市地方主义与传媒想象——周立波现象分析》，《新闻大学》2010 年第 4 期。

⑦ ［英］迈克·费瑟斯通：《消解文化——全球化、后现代主义与认同》，杨渝东译，北京大学出版社 2009 年版，第 159 页。

⑧ 孙玮：《传播：编织关系网络——基于城市研究的分析》，《新闻大学》2013 年第 3 期。

挑战性在于一方面近代上海城市极其复杂，"你可以说它是黑色的染缸，我可以说它是红色的摇篮；你可以说它是帝国主义侵略中国的桥头堡，我可以说它是中华民族反对帝国主义的大本营；你可以说它摩登，我可以说它传统；你可以说它是罪恶之渊薮，我可以说它是文明之窗口。几乎任何的两极判断，对上海来说都能成立"①。这正折射了上海城市共同体在中国现代化进程中独一无二的混杂性。另一方面，"以城市共同体认同为核心，上海交织着传统与现代、乡村文明与都市文明、东方与西方、城市与国家、地方性与全球化、'我们'与'他者'的重重关系，任何两元对立的思维都无法把握者关系千万重的城市网络"②。

正是在这一历史背景下，传播与上海都市的研究近年来逐渐成为城市传播研究的一个全新的领域。涌现了一批有代表性的著作和论文，大致可以分为几类：

1. 晚晴民国时期的媒介与上海都市想象研究。海外学者李欧梵教授在其名著《上海摩登——一种新都市文化在中国（1930—1945）》一书重绘了上海的文化地理，通过对上海都市空间、印刷媒介、电影、文学等媒介的考察完成了对上海现代性的文化想象和独特建构。③ 华裔学者孙绍谊以 1927 年至 1937 年间的上海半殖民地文化和现代性为研究对象，考察了这个时期文学、电影、视觉等媒介呈现的关于上海都市空间的多重话语对上海都市的想象与阐释，基于上海都市文化繁复多元的认识，建立了"上海文化的'另类'特质"，认为"在上海，普通人的日常生活实践得以转型为目迷五色的都市现代性"④。近年来有部分青年学者落脚于上海小报对上海都市想象进行了研究，这方面代表性的研究有李楠在《市民文化笼罩下的都市想象——上海小报中的"上海"》一文认为上海小报作为迥异于其他印刷媒介的视境，依托市民的直接洞察、生存需要和感同身受来营造"都市文化景观"。小报"指称名人为都市的意象符

---

① 熊月之：《异质文化交织下的都市生活》，上海辞书出版社 2008 年版，第 4 页。
② 孙玮：《传播：编织关系网络——基于城市研究的分析》，《新闻大学》2013 年第 3 期。
③ 李欧梵：《上海摩登——一种新都市文化在中国》，毛尖译，人民出版社 2010 年版。
④ 孙绍谊：《想象的城市：文学、电影和视觉上海（1927—1937）》，复旦大学出版社 2009 年版。

号，用流言编制都市的叙事和历史"。立足市民底层的生存体验，释放不断涌动乃至放纵的"都市欲望"，小报建构了生活在都市市井里的市民的文化想象。① 洪煜在《近代上海小报与市民文化研究（1897—1937）》一文中把小报视为市民文化公共空间，认为小报构建了"小报文人群体网络"，在"激发市民大众的都市文化想象"和促进市民文化现代性的转变中起了独特的作用。② 同样研究晚晴上海小报，季凌霄在《国家话语及之外：晚清上海小报》一文中立足于城市传播框架下，指出作为一种空间性的实践，小报切肤地感受到了城市的脉搏，感受到了城市瞬息流逝的本质。小报脱离于国家的话语与功能的框架呈现另类的现代性。③ 传播学学者黄旦在《"奇闻逸事，罔不毕录"：上海"城"的移动——初期〈申报〉研究之二》一文中，立足于媒介与城市的互为构成，考察初期"耳目所周"所指向的上海，研究发现：《申报》通过"奇闻逸事，罔不毕录"的运作，宣告了上海老城厢的衰落，和上海黄浦滩的崛起，在悄无声息中"移动"了"上海"，上海被重新"上海化"，铸刻下新的上海文化和记忆，而且它所创建的"媒介地方"也成了此后上海的记忆。④ 这类型的研究立足传播媒介，打开了城市研究（这里主要指上海）新的面向，并为传播学研究开拓了新的视角和空间。

　　2. 20 世纪 50 年代媒介与上海都市研究。如张济顺在著作《远去的都市：1950 年代的上海》中从"劳动人民"、"知识人与文化人"以及"小市民"三个研究主体出发，对 20 世纪 50 年代的上海社会文化作一次重访，探讨了 20 世纪 50 年代国家的"入场"和都市的"在场"的互动状况，认为上海的"地方性"存在延续的现象。⑤ 青年学者董倩以历史一

---

① 李楠：《市民文化笼罩下的都市想象——上海小报中的"上海"》，《学术月刊》2004 年第 6 期。

② 洪煜：《近代上海小报与市民文化研究（1897—1937）》，博士学位论文，上海师范大学，2006 年。

③ 季凌霄：《国家话语及之外：晚晴上海小报》，公派研究生出国留学补充材料：研究计划（未刊发），2014 年。

④ 黄旦：《"奇闻逸事，罔不毕录"：上海"城"的移动——初期〈申报〉研究之二》，《学术月刊》2017 年第 10 期。

⑤ 张济顺：《远去的都市：1950 年代的上海》，社会科学文献出版社 2015 年版。

社会—空间三元辩证法，以 1949—1966 年新民晚报呈现的上海日常生活为研究对象，认为"报纸对社会主义上海日常生活空间的建构呈现规训和溢出的特征"①。也就是说，在市民日常生活层面上海都市特性存在延续的一面，历史并未完全断裂。

3. 改革开放以来大众媒介与上海都市研究。一种类型是从报业发展史的角度探讨上海报业与城市文化的关系。如丁士、蔡雯在《试论当代中国报纸的流派》一文论述了上海近代历史文化对上海报纸风格的作用，以及海派报纸注重信息传播、注重时尚与文化娱乐的内容特色。② 童兵的论文《沪报三读——兼议上海传媒文化的海派特色》指出了海派传媒文化的优点和缺陷。③ 戴元光、陈杰在第三届海派文化研讨会上提交《新兴报纸与上海城市文化的重构》，认为"上海新兴报业对媒介文化的重构产生了积极的影响，使得上海的城市文化的内核随着媒介文化的变化而显现质的改变"④。在此基础上，刘鹏在其博士论文《海派文化与上海报业》中系统阐述了海派文化与上海报业关系的发展流变。⑤ 这类型的研究把报纸当作城市文化的载体，缺乏报纸与城市之间意义勾连的理论视角。同样探讨媒介与都市，学者陆晔以上海世博为契机，探讨了影像都市的议题。认为"影像都市特指以影像中介的城市，是指作为实体都市空间的影像和都市的影像再现的相互建构"。研究发现："影像都市的特征，经由建构与再现、观看与体验共同呈现，并通过期间的互动，参与上海都市意义的维系、协商、冲突、再造。"⑥ 青年学者曾一果近年来致力于媒介与城市的研究，在《重建上海的"现代性"：一份杂志与它的"城

---

　　① 董倩：《改造日常：〈新民晚报〉与社会主义上海生活空间之建构（1949—1966）》，上海人民出版社 2016 年版。

　　② 丁士、蔡雯：《试论当代中国报纸的流派》，《新闻战线》1992 年第 2 期。

　　③ 童兵：《沪报三读——兼议上海传媒文化的海派特色》，《新闻记者》2002 年第 11 期。

　　④ 戴元光、陈杰：《新兴报纸与上海城市文化重构》，载方明伦、李伦新、丁锡满主编《海派文化发展创新的动力和活力：上海大学海派文化研究中心第三届海派文化学术研讨会文集》，上海大学出版社 2004 年版，第 103—112 页。

　　⑤ 刘鹏：《海派文化与上海报业》，博士学位论文，复旦大学，2008 年。

　　⑥ 陆晔：《影像都市的建构与体验——以 2010 上海世博会为个案》，《新闻大学》2012 年第 2 期。

市"》一文中，以西方现代性理论为框架，探讨了 20 世纪 80 年代以来
《上海文学》杂志通过围绕城市空间进行编排的"栏目"，以一种"知识
考古的方式"从时间和空间维度重构了上海的现代都市空间。① 在其著作
《想象城市：改革开放 30 年来大众媒介的"城市叙事"》中以城市想象为
视角，探讨了改革开放以来大众媒介与城市的关系。其中专辟一章节
《现代性的渴望——媒介叙事中的上海形象》中，其文探讨了 20 世纪 90
年代以来主要是 2010 年世博前后新闻报纸、纪实摄影、电影等大众媒介
对上海形象的叙事如何建构上海都市的"现代性"。在他看来，而这种现
代性意味着都市化、西方化、国际化和时尚化。② 於红梅、潘忠党的《国
际大都市的想象与诠释——作为符号的〈良友〉画报》一文以"如同一
切文化建构，'上海故事'的讲述，构成了当下的日常生活实践"为逻辑
起点，透过近年兴起的"《良友》热"，作者认为这份"以现代性重述本
土历史"的历史画报作为符号和历史资源契合了当下上海都市发展和文
化认同建构的历史场景，形塑了上海作为国际大都市的叙事和想象。③ 这
类型的著作和文章探讨了大众媒介与都市现代性及都市意义建构的议题，
但总体上缺乏对上海现代性的独特性内涵及其发展轨迹的阐发。

　　特别指出的是，传播学学者孙玮近年来致力于推动城市传播研究范
式的研究，初步搭建城市传播的理论架构，提出了许多新锐观点，如
"城市即媒介"，把城市的实体空间和大众媒介构筑的虚拟空间结合起来，
很大程度上拓展了传播的意涵。同时，以上海为范例，面对新一轮的全
球化，对本地报刊如何建构上海都市共同体进行了精彩的个案研究，如
"报纸对上海开埠 160 周年的集体行动的研究"④，以及"以周立波现象为
例，探讨了在全球化背景下地方主义崛起的文化景观"⑤ 等。张昱辰在硕

---

① 曾一果：《关于上海"现代性"想象》，《文学评论》2010 年第 2 期。

② 曾一果：《想象城市：改革开放 30 年来大众媒介"城市叙事"》，中国书籍出版社 2011 年版。

③ 於红梅、潘忠党：《国际大都市的想象与诠释——作为符号的〈良友〉画报》，《开放时代》2011 年第 2 期。

④ 孙玮、李美慧：《制造上海：报纸中的"上海开埠"——以 2003 年为例》，《新闻大学》2009 年第 4 期。

⑤ 孙玮：《上海城市地方主义与传媒想象——周立波现象分析》，《新闻大学》2010 年第 4 期。

士论文《上海城市共同体的传媒建构：以 11. 15 火灾为例》一文中，以 2011 年上海"11.15"火灾事件报道为例，探讨了报刊和互联网等媒介通过描述和阐释这一灾难事件如何想象和建构上海城市共同体。① 李美慧在《创伤、记忆与共同体——本地报刊对"上海开埠"的四度建构（1843—2003）》一文中以传播与文化创伤为理论框架，探讨上海开埠 160 年来上海本地报刊如何借由"开埠"议题对上海城市共同体的四度建构，不同时期呈现出复杂话语的冲突。②

综上，关于媒介与上海都市的研究，（1）在研究时段上，现有研究的时段大多停留在晚清民国前后，近年来也有跨越 1949 年的著述，而探讨新一轮全球过程中大众媒介与上海城市的研究星星点点，大多停留在上海世博前后所做的个案研究，缺乏长时段系统的研究。（2）从研究视角上，以往媒介与城市关系的研究大多把报纸作为城市文化的载体，缺乏媒介与城市之间意义勾连的视角，而研究大众媒介对上海城市共同体的建构其视角聚焦于报纸话语背后呈现的权力关系和意识形态，缺乏"空间"的维度。本书从媒介生产的视角出发，开辟媒介研究的"空间"维度，将媒介（主要指报纸）视为一种交往关系，考察作为世界上独一无二的都市上海在新一轮全球化的起始、发展阶段，城市媒介如何想象、生产和编织上海地方城市共同体意义网络的"独特性"和"发展轨迹"。

第三节　研究路径、方法与文章框架

一　研究路径

主要是文化研究的路径，在文化层面上研究传播，传播、媒介不仅是信息的传递，还建构作为一种特殊生活方式的共同文化，与主流传播学结构功能主义的研究路径形成差异。文化分析需要把握一个社会的文

---

① 张昱辰：《上海城市共同体的传媒建构：以 11. 15 火灾为例》，硕士学位论文，复旦大学，2012 年。

② 李美慧：《创伤、记忆与共同体——本地报刊对"上海开埠"的四度建构（1843—2003）》，博士学位论文，复旦大学，2015 年。

化（这里主要是上海城市共同体）在某个特定时期里稳定的结构性存在——"情感结构"①（强调经验性，对活的经验的微妙的感受）。本书试图综合城市社会学、城市史学、新闻传播学等路径进行跨学科研究。

二 研究方法

（一）文本分析法

对于经验材料的选取，经历了三个步骤：首先是翻阅、查找 1980—2003 年上海传统主流大报《解放日报》《文汇报》《新民晚报》有关上海城市特殊性的上海文化、上海人、上海精神等较为集中的讨论事件的媒介文本。并对媒介材料按年代时间顺序编制资料索引，并以此为线索，查找同时期上海其他报刊有关事件讨论的文本，并对相关事件的媒介文本以报道时间，设置栏目，议题等进行材料归档；然后，为弥补翻阅报纸材料带来的遗漏，以讨论议题为关键词查找了文汇—新民报业集团和解放日报报业集团的报纸全文数据库。同时，搜集《上海文化年鉴》、《上海文化》等官方出版物、专业史等材料，作为材料的补充。对于媒介文本的意义阐释和其他经验材料互相勾连，相互验证，在阐释过程中，与上海有关的历史和现实，是意义生发的基础和语境。

（二）人物访谈

除了查阅这一时段有关的口述史访谈材料，为弥补文字记载的缺陷，尽可能地对参与了这一时段媒介讨论的专家、记者、编辑进行访谈，以图获得第一手经验材料，可以对媒介文本资料起到堵漏补缺、印证纠偏的作用。

（三）文献研究法

本书的研究阅读并梳理城市社会学理论（从芝加哥城市社会学到新都市社会学理论脉络）主要是关于城市共同体理论的文献及有关上海城市共同体为内容的上海史学的历史文献，并吸取了最新的上海史学研究成果。同时，阅读了传播与共同体的理论文献，并对目前传播与上海城市共同体研究现状及缺失进行文献梳理和批判性的解读，以此作为本书

---

① ［英］雷蒙·威廉斯：《漫长的革命》，倪伟译，上海人民出版社 2013 年版，第 389 页。

的理论框架。

三　文章框架

依据上海史学研究成果，一般把改革开放以来上海城市发展分为两个阶段："改革开放初期"，20世纪90年代"向新型国际大都市迈进"①两个阶段。本论文从研究问题和研究对象细分了研究时段，具体来说是20世纪80年代改革开放初期"大上海的沉没"、20世纪90年代上海城市腾飞的初始阶段以及21世纪之交"迈向新型国际大都市"三个历史阶段，三个阶段代表了上海再全球化过程中城市发展的不同阶段。

文章的框架思路涉及经验材料的筛选以及材料与理论的编织。本书的研究不是以西方文化研究理论作为先验的框架而填充材料，而是立足于本土经验，从一手的媒介经验材料出发，在经验材料的阐释过程中力图既不脱离上海经验的特殊性也不被材料束缚，试图让特殊的媒介文本材料与理论形成对话。由于研究时间涉及3个年代横跨20多年时间，主要选取了上海本地报刊对城市再造的焦点时刻的媒介文本作为分析对象。

绪论部分主要介绍了研究缘起、理论框架和核心概念，研究思路和方法、研究意义以及创新与不足之处等基本问题，并对本研究相关的研究成果进行了文献综述和梳理，并从中引出本研究的研究问题。本书主体分为三个部分，共六章。第一部分内容是"打捞沉没的大上海"。20世纪80年代改革开放初期，随着"大上海的沉没"，1980年《解放日报》发起了上海的"十个第一和五个倒数第一"关于"上海病"的讨论。随着上海城市性的衰落，20世纪80年代中期地方媒介借助知识精英的出场发起了为"海派"正名的上海文化发展战略以及"洋奴之辩"的媒介讨论，初步修复了上海现代性。以此作为第一章和第二章的分析内容。第二部分内容是"再造城市性格：世界中的上海"。20世纪90年代初是上海腾飞的初始阶段，随着城市的发展，承继1980年报纸对上海现代性的修复之后，上海本地报刊开始了上海城市共同体的新一轮的重构。这个时期主要是围绕两个焦点时刻的媒体事件展开，一个是1991年以"纪念上海建城

---

① 熊月之、周武主编：《上海：一座现代化都市的编年史》，上海书店出版社2007年版。

700 年"为由打捞出上海的城市性，作为城市的上海经由报刊传播逐渐浮现；另一个是 20 世纪 90 年代前期几乎裹挟上海本地所有大众媒介对"上海人"的制造，成为全国一个独特的媒介现象，意味着城市共同体主体意识逐渐苏醒。分别作为第三章、第四章的分析内容。第三部分内容是"全球化背景下制造国际大都市"。21 世纪之交，在全球化背景下上海实现了再次腾飞，随着都时报的出现和崛起，上海本地报刊对"都市上海"的再造迎来了两个焦点时刻：一次是 2000 年《文汇报》发起的"迈向二十一世纪的上海人精神"大讨论；另一次是 2003 年以"纪念上海开埠 160 周年"为由，立足都市，地方媒介前后约一个月对"都市上海"的阐发和再造。分别作为第五章和第六章的分析内容。结语部分回应导论提出的相关问题，并在世界和中国都市发展脉络下阐发上海都市经验的价值。在此基础上，重新考量媒介与城市的关系。

第四节　研究意义、创新与不足

一　研究意义

从学术脉络来看，尽管传播与地方共同体关系并非一个新鲜话题，但长期为功能主义为导向的主流传播学所遮蔽未引起学界的重视。芝加哥学派以降的主流传播学聚焦于脱离历史场景（现代城市）的大众媒介，在社会结构的整体框架下集中关注媒介信息传递的整合功能，而不是传播对于意义的建构。并且，主流传播学对大众媒介构筑的虚拟空间的重视和推崇，遮蔽了实体空间传播的重要议题。本书从作为"媒介的城市"来考察上海本地报刊在新一轮全球化时代的起始和发展阶段如何编织上海城市共同体的意义网络。这可以重新理解传播，推进媒介和城市关系的认识，媒介和城市不只是反映和被反映的关系，传播构成了关于城市（实体和虚拟）的一种想象，既有抽象的，也有具象的。传播构成了城市共同体的基础，营造了地方感，开辟了全球化时代地方与国家关系的认知维度。可见，本研究深具学术价值。

在全球化、新技术、城市化时代，随着"传播革命"① 的转向，当前传播学界创新传播研究范式的呼声呼之欲出，城市传播成了近年来创新传播研究范式其中之一的学术生长点。本书触及并探讨了城市与乡村，城市与国家，城市与世界等城市共同体的各种社会关系网络，一方面为当前方兴未艾的城市研究提供了独特的传播学视角，另一方面为城市传播研究范式提供了独特的范例，具有理论和实际价值。

二　创新点、重点与难点

（一）创新点

1. 研究视角的创新。本书把城市看作是由空间过程和文化形式构成的整体，添放进其自身的社会、文化、地理和媒介构筑的关系网络中。从媒介生产的视角出发，将媒介视为一种交往关系，开辟媒介研究的"空间"维度，着力于媒介生产共享意义的社会实践，拓展以往媒介与城市关系研究的传统视角，即：把大众媒介作为城市文化载体，视传播为信息传递工具。

2. 研究内容的创新。关于媒介与上海的研究中外著述颇多，时间段大多停留在晚晴民国前后，该书选取上海经历新一轮全球化的起始、发展阶段，具体为 20 世纪 80 年代、90 年代、21 世纪初这一研究时段而独具匠心。同时，第一次较为全面地梳理了上海都市共同体的三个维度：上海城市共同体的内核——海派所代表的"上海现代性"；上海都市共同体的主体——"上海人"（主要指市民意识及上海人的身份指认）；上海都市共同体的精神内涵——"世界主义"为特质上海精神。这三个维度并非截然区分，而是互相关联甚至互相渗透。

3. 学术观点方面的创新。从作为媒介（实体和虚拟）的城市来重新理解传播，可以打开传播学研究的新视野：传播、媒介不只是被政治、经济所决定，不只能从功能层面来理解，还可以从文化层面来理解传播，传播生成了意义，编织了跨越时空的都市共同体意义网络，意味着一个全球化的中国都市的再生产。

---

① ［美］罗伯特·W. 麦克切斯尼：《传播革命》，高金萍，上海译文出版社 2009 年版，第 1 页。

4. 研究路径和方法的创新。本书立足媒介、传播，借鉴了上海史学、城市社会学、都市文化等研究成果，与其他学科对话，进一步开拓了以传播研究为基点的城市研究的跨学科研究路径。以往关于媒介与上海的研究，聚焦于文本分析和话语建构。本书将实地调查、体验和文本分析结合，除查找相关媒介文本材料，通过人物访谈获得第一手经验材料，通过静态的文本分析和具体的历史时空场景结合，来探寻上海"再全球化"过程中都市共同体意义网络构建的媒介实践。

（二）重点、难点

1. 研究重点

关于媒介与上海研究需要结合国家城市发展政策、城市媒介类型的发展、上海城市自身的发展以及上海城市的特殊性。同时，地方媒介如何嵌入以及在何种程度构建上海都市共同体意义网络是本书的重点。

2. 研究难点

在具体的研究中，由于横跨 20 多年，涉及 3 个历史时段，加上媒介材料的零碎和分散，对于不同时段的媒介材料的梳理如何彰显有机的内在逻辑，以及上海都市文化本身的复杂性和暧昧性，如何捕捉流动的都市感性，是本书的难点。

（三）研究不足

"文本必须在特定的'语境'下理解，才能参透层层叠叠的意义系统。"（李金铨语）"参透"二字点出了学术研究的至高境界，虽不能至，笔者心向往之。在文本阐释方面，从细致的描述到结论点架起桥梁可能存在编织不够严谨之现象。加上时间和精力等原因，本书的研究没有放在改革开放 40 年的大背景下关注移动新媒体技术出现后媒介与上海的关系。同时，对与上海特性有关的上海话的关注不够，只能在以后的研究中加以补充和修正。

第一部分

打捞沉没的大上海

　　20 世纪 80 年代，上海充当改革列车的"尾灯"①。在纪录片《飞跃大上海》（历史地理篇）中，时任改革与发展研究院院长方曾炜引用某位中央领导人当时的话说道："（中国）好比是一个穷家庭，而上海是这个家庭中的长子。长子应该早干活，多补贴家庭，晚成家，多尽义务。"②在这样的城市发展背景下，上海城市空间交流网络在 20 世纪 80 年代全面衰落。正如学者李欧梵指出："在新中国接下来的三个十年中，上海一直受制于新首都北京而低了一个头。而且，虽然上海人口不断增加，但从不曾被允许去改造她的城市建设：整个城市基本上还是四十年代的样子，楼房和街道因疏于修理而无可避免地败坏了。这个城市丧失了所有的往昔风流，包括活力和颓废。"③

　　20 世纪 80 年代初，适逢官方真理标准大讨论引发的思想解放的历史潮流中，地方党报立足自身城市首次发出了与国家"不一致"的沉思之声，权且可以算作制造了一次关于城市议题的"公共事件"。1980 年 10 月 3 日，中共上海市委机关报《解放日报》头版头条以醒目的标题加编者按发表了上海社科院部门经济所沈峻坡（时任《解放日报》特约通讯员）的长文《十个第一和五个倒数第一说明了什么》④，描绘了 1980 年上海的经济面貌：

　　　　上海的"十个第一"是：

　　　　1. 工业总产值占全国的八分之一强，总产值之大，居全国各省市第一位；

　　　　2. 出口总值占全国四分之一强，其中本市产品占 60%，创汇之多，居全国各省市第一；

---

　　① ［法］白吉尔：《上海史：走向现代之路》，王菊、赵念国译，上海社会科学出版社 2005 年版，第 361 页。

　　② 参见纪录片《飞跃大上海》（第一辑历史地理篇：地图开始的故事），东方卫视，2010 年。

　　③ 李欧梵：《上海摩登——一种新都市文化在中国（1930—1945）》，毛尖译，人民文学出版社 2010 年版，第 319 页。

　　④ 沈峻坡：《十个第一和五个倒数第一说明了什么》，《解放日报》1980 年 10 月 3 日第 1 版。

3. 财政收入占全国六分之一，上缴国家税利占中央财政支出三分之一，上缴数量之多，居全国各省市第一；

4. 工业全员劳动生产率，1979 年为 30013 元，高于全国平均值 1.5 倍以上，居全国第一；

5. 工业每百元固定产值实现的利润，1979 年全市平均为 63.73 元。为全国平均数的 4 倍，居全国第一；

6. 工业资金周转率为 69.5 天，周转之快，为全国大城市第一；

7. 全市人均年国民生产总值，1979 年为 1590 美元，居全国第一；

8. 能源有效利用率，1979 年为 33%，高于全国 28% 的平均水平，居全国第一；

9. 上海商业部门调往各地的日用工业品占全国调拨量的 45%，商品调拨量居全国第一；

10. 解放后迁往内地工厂 300 多家，输送技术人员、技术工人超过 100 万人，向外地输送技术力量居全国第一。

上海的"五个倒数第一"是：

1. 市区平均每平方公里 4.1 万人，城市人口密度之大，为全国之"最"；

2. 市区建筑密度高达 56%，人均拥有道路面积 1.57 平方米；绿化面积 0.47 平方米（一张《解放日报》那么大）。建筑之密、房屋之挤、道路之窄，绿地之少，均为全国大城市之"最"；

3. 市区人均居住面积 4.3 平方米（包括棚户、简房、阁楼在内）；4 平方米以下的缺房户 91.9 万户，占全市总户数 60% 左右，缺房户比重之大，为全国大城市之"最"；

4. 上海平均每万辆车一年死亡人数 42.5 人，车辆事故之高为全国大城市之"最"；

5. 由于"三废"污染严重，上海癌病发病率之高，为全国城市之"最"。

沈峻坡一文指出上海的"十个第一"是指上海之全国的生产贡献，

上海的"五个倒数第一"是指上海自身的城市建设之殇。这篇文章"未经送审"直接在报纸上刊出，迅速引起强烈的反响，据当时时任《解放日报》工交财贸组主任徐学明（为沈峻坡文章的组织者、编辑者，也是文章编者按语的写作者）口述回忆："当天的《解放日报》零售脱销，读者反响非常强烈，读者们纷纷给报社来信：今天的《解放日报》的头版头条有一条好的新闻，多少年来没有见过，说上海有十个全国第一、五个倒数第一，这样的归纳是从来没有的呀！从来没见到党报这样为我们老百姓说话。"① 这个话题在报刊上形成了热烈的讨论，在一个多月时间里（1980 年 10 月 3 日—1980 年 11 月 25 日），围绕"十个第一和五个倒数第一"，《解放日报》设置了专栏"十个第一和五个倒数第一说明了什么——关于上海发展方向的探讨"，组织了 10 次讨论，并且都在头版显要位置刊出。从媒介实践来观照此次新闻事件，媒介内容：围绕"十个第一和五个倒数第一说明了什么——关于上海发展方向的探讨"，形成公共议题；媒介成产的机制："未经送审"，编排上加配醒目黑体标题，刊发在头版显要位置；媒介生产的节奏：一个多月时间，报纸组织了 10 次讨论；读者的反响：报纸零售脱销，读者反响强烈，纷纷给报社来信。这显示了报纸（区别于书籍）作为大众媒介的独特力量。在这些报刊话语讨论中，把上海畸形发展的矛头直指官方高度计划的"左"倾意识形态。其中有些话语在 1980 年代初的时空语境中略显大胆："造成目前的局面，上海的同志有责任，中央对上海的领导更有责任"，"不要顾及上海人为上海人说话的嫌疑"② 等。从这些报纸话语可以看出，此次关于"上海病"的媒介讨论溢出了国家传统主流意识形态的范畴。

同时，在关于上海发展方向的讨论中，溢出了经济议题，报纸借用读者李晓月的出场，提出了有关城市文明的思考：

　　　　上海是拥有一千多万人口的大城市，公共图书馆、剧场、电影

---

① 徐学明：《上海的"全国十个第一，五个倒数第一"文章发表的前前后后》，载袁志平主编《口述上海：改革开放亲历记》，上海教育出版社 2008 年版，第 101—108 页。

② 严绳武：《保护上海生产力发展事关全局》，《解放日报》1980 年 10 月 16 日第 1 版。

院、俱乐部、文化馆等设施既少且小而又落后。……解放后，上海没有建造一处相应规模的图书馆，电影院、剧场大都是旧有的"老"字号。解放初期原有的大世界、大新、先施、新新等游乐场所，以及"新世界"等等中小型娱乐场所后来都被"挤"掉了。①

其实，大城市公共场所不仅只是提供城市居民娱乐的地点，更能促使多样性的人群容易聚集和社会交往，这才是雅各布斯意义上大城市的活力所在。而这些公共空间的凋敝对城市居民日常生活的交往应该来说是致命的。关于"上海病"的讨论，表面上看，是城市自身建设之殇。而从深层次的城市里社会关系的连结来看，各种城市病特别是交通运输网络的衰退，文化公共设施等共同空间的衰败意味着城市空间内人群连结的网络衰退，也不足以形成高度互动的社会关系，更不可能形成雅各布斯在《大城市的死与生》中的追求大城市街道的"潮来潮往"，雅各布斯提出："城市需要促进居民日常生活行动和相互间的社会交往。"② 从城市性来看，1980 年代上海的衰落不仅是城市经济的沦陷，更是大城市活力和多样性的衰落。

当然，地方党报关于"上海病"议题讨论的影响不能作过高的估计。正如历史学者白吉尔指出："局限于政府机关的这场社会讨论，并不意味着产生了一个公共平台，让政府官员和社会代表能够自由的对话或争论。"③ 从这次报道一波三折的命运就可见分晓。中华人民共和国成立后上海首次发出不堪重负的声音遭到了批评，被视为不顾全局利益的"地方主义"的危险表现。地方党报遭受沉重的压力，第 2 年就突然来个 180 度大转弯，批评其上海人的自私和傲慢。在接下来的几年间，报纸对相似的议题"充耳不闻"，直到 6 年后，情况才发生变化。在 1986 年 9 月 20 日《解放日报》头版，报道了上海首次奖励哲学社会科学优秀成果的

---

① 李晓月：《把上海建设成文明城市》，《解放日报》1980 年 11 月 2 日第 1 版。

② ［美］安东尼·奥罗母、陈向明：《城市的世界——对地点的比较分析和历史分析》，上海人民出版社 2005 年版，第 158 页。

③ ［法］白吉尔：《上海史：走向现代之路》，王菊、赵念国译，上海社会科学出版社 2005 年版，第 368 页。

消息。在这篇报道之下，有一则仅一句话的报道："本报 1980 年 10 月 3 日一版刊载的沈俊坡的《十个第一和五个倒数第一说明了什么》一文，在这次评奖中获奖。"借用杨东平的话来说，"意味着一段公案的历史性的了结"①。问题是公案了结了，"大上海"依然在沉没，1987 年上海作家俞天白的长篇小说《大上海的沉没》的发表，地方报纸进行了相关的报道。② 颇有意味的是，小说没有在主要定位为面向知识分子的综合性报纸《文汇报》上发表，而作为地方党委机关报的《解放日报》于 1989 年 4 月 15 日—1989 年 6 月 3 日对小说进行了连载。小说获得了强烈的社会反响，为 20 世纪 80 年代上海命运作了最好的注脚。20 世纪 80 年代上海的经济改革落后于全国，如何振兴上海，上海地方精英寄望于有着光荣历史传统的上海地方文化，试图从文化上找回都市原初的活力和多样性。1986 年上海文化界编辑并出版了国内第一部地方文化年鉴——《上海文化年鉴》（1986）。20 世纪 80 年代中期，地方报刊在全国首次发动了上海文化发展战略的讨论，为"海派"正名，重建自我，重建上海现代性成为这个时期上海地方报刊的公共议题。

就上海城市的发展来说，20 世纪 80 年代，"上海作为计划经济的大本营，中央财政的主要来源，国有企业的集中之地。上海实际上充当了全国改革的'后卫'；改革滞后，开放不足。相对于迅速崛起的广东等省份，上海明显落后"③。历史上，在开埠不到 10 年的时间里，上海就超越了当时较早开埠拥有更好港口条件的广州，成为中国第一大港，而改革开放不到 10 年的时间里，上海被广州超越了。"大上海沉没"一时成为上海人的难言之隐，此时的上海面临种种失落。尽管上海城市在 20 世纪 80 年代全国改革开放布局中相比沿海南方省份呈全面衰落趋势，但上海报业"最好地保持了传统优势和实力，保持了海派文化和市民文化价值、品性"④。《解放日报》《文汇报》《新民晚报》三张综合性日报在上海报

① 杨东平：《城市季风：北京和上海的文化精神》，新星出版社 2006 年版，第 217 页。

② 《〈大上海沉没〉正视衰弱的巨人》，《文汇报》1988 年 11 月 2 日第 3 版。

③ 熊月之、周武主编：《上海：一座现代化的编年史》，上海书店出版社 2007 年版，第 563 页。

④ 杨东平：《城市季风：北京和上海的文化精神》，新星出版社 2006 年版，第 264 页。

业市场呈鼎足之势。《解放日报》是上海市委机关报，主要读者是各级机关、团体和企业、事业单位的干部、职工、各界知识分子以及城乡居民。《文汇报》作为市委领导下的综合性日报，主要面向知识分子读者。《新民晚报》在1982年元旦复刊，在普通市民中深有影响。据1986年统计，《解放日报》发行量86万份/日；《文汇报》发行量140万份/日；《新民晚报》发行量154万份/日。① 上海报业在全国同类报业中保持着佼佼者的声誉，也成为20世纪80年代重建"上海现代性"的主要力量。一场为"海派"正名以及"洋奴之辩"的媒介讨论渐次展开。

---

① 刘振元主编：《上海文化年鉴（1987）》，中国大百科全书出版社1987年版，第67页。

第 一 章

重建上海现代性：为"海派"正名

我们不应把现代性纯粹看作是一个时间概念，需要提出关于现代性的空间维度或者"现代性在哪里"，这并非是从肇始于西方中心的某种具有优越感的逻辑（韦伯的理性化观点），而是从非西方与西方的空间关系来看待现代性。

——迈克·费瑟斯通

我们需要一种共同文化，不是为了一种抽象的东西，而是因为离开了这种共同文化，我们将无法生存下去。

——雷蒙·威廉斯

要真正认识上海现代性，除了需要研究上海的经济成就和社会演变，还需要在蓬勃发展的"海派文化"中寻找。"海派"，或"上海风格"，"是对现代中国的国际性商业文化的一种表述"①。而海派的特殊性在于"对中国传统文化和外国模式的双重背叛"②。由此形成了不中不西，亦中亦西的特殊的文化形态。海派的现代性反映在现代的城市建筑空间和新的各种生活方式以及文化艺术的创造中。"它的影响作用于整个城市社会，正是这种影响力使上海这个大熔炉运转起来。"正是在这个意义上，历史学者白吉尔指出："面对内地、乡村和官僚体系，上海以及她所辐射

---

① ［法］白吉尔：《上海史：走向现代之路》，王菊、赵念国译，上海社会科学出版社 2005 年版，第 202 页。
② 同上。

的沿海地区虽然没有成功地形成巩固的政治和意识形态力量，但海派显示了强烈的独特的地方文化。"因而，"海派所具有的重要性就在于她代表了一种区别于传统中国的共同体认同模式"①。但在一个以一元化为意识形态基础的时代，以混杂为特质的上海现代性被单一的纯粹压抑了。以"海纳百川"的海派文化为精神的上海，在一个和海洋馆隔绝的世界里，渐渐地失去了身份的合法性。② 而在 20 世纪 80—90 年代上海"迈向新型国际大都市"③ 过程中，"海派幽灵"重现，"重新光大海派精神"④成为地方官员和学者共同的呼声。以海派为载体的"上海现代性"成为上海这个城市共同体的深层结构，在新一轮的全球化过程中逢遇合适的时机经由传播逐渐重新浮出历史地表。

第一节 都市的沉浮与海派文化精神的流变

一 都市的崛起与海派文化的生长

从关系空间的视角来观照城市，按照城市学者刘易斯·芒福德对城市的界定："城市是个地理联结（geographic plexus）。"⑤ 也即是城市由许多网络组成的地理焦点，流通、交换和互动在这些网络里发生。上海地下无矿藏，地上无特产，近 100 多年以来，从一个"海滨县城"发展为特大城市，很大程度得益于上海位居许多交叠网络的中心节点。上海地处中国最富庶的区域——长江流域下游地区边缘，有着优越的地理位置。开埠前的滨海县城走的就是"以港兴市"的路子。1848 年，英国植物学家福钧访问上海后曾富有预见性地写道：

---

① ［法］白吉尔：《上海史：走向现代之路》，王菊、赵念国译，上海社会科学出版社 2005 年版，第 202—239 页。

② 孙玮：《作为媒介的外滩：上海现代性的发生与成长》，《新闻大学》2011 第 4 期。

③ 熊月之、周武主编：《上海：一座现代化都市的编年史》，上海书店出版社 2007 年版，第 584 页。

④ ［法］白吉尔：《上海史：走向现代之路》，王菊、赵念国译，上海科学出版社 2005 年版，第 389 页。

⑤ ［美］刘易斯·芒福德：《城市文化》，宋俊岭、李翔宁、周鸣浩译，中国建筑工业出版社 2009 年版，第 507 页。

就我所熟悉的地方而论，没有别的市镇具有像上海所有的那样有利条件。上海是中华帝国的大门，广大的土产贸易市场。……内地交通运输便利，世界上没有什么地方比得上它。乡间是一片茫茫无边的平原，许多河道纵横交错，这些河道又跟运河会合交错，其中运河差不多是天然形成的，别的运河则是惊人的技术工程。上海港内各式大小船只云集，从事内地运输。自从港口开放以来，这些船舶运来大批茶叶和蚕丝，并且满载着他们交换所得的欧美工业品回去。根据我们所知道的中国地理情况，所有绿茶和大部分红茶运到上海，无疑比运到广州或任何南方市镇，开支要省得多。华中的广大产丝区也近在咫尺。上海距汉口、苏州、南京等大市镇的地点相近，构成一个有利条件。最后，如果把上海看作我们棉纺织的市场（我们早已知道它确实如此），不容置疑，在几年内，它非但将与广州相匹敌，而且将成为一个更加重要地位的城市。①

上海开埠以后，由于它的地理位置，特别是它的水路交通网络，上海成为中国对内和对外贸易的枢纽港，在中国与世界日趋紧密的联系中，上海建立了通达中国与世界各地的多层多面的关系网络，人群、商品、金钱等，不停地穿越城市移动。这样，近代上海就成了许多种联结的中枢：既有延伸到城市之外的联结，也有在城市内将人群聚在一起的联结。

当然，城市不只是实体形式的聚合，还与社会过程的关系密切。在这个意义上，芝加哥城市学者帕克指出："城市是一种心灵状态，一种风俗传统的体现，同时还展现出隐含在这些习俗中、由传统所传递的经过组织的礼仪与情感。"② 而奥斯瓦尔德·斯本格勒更是直言指出："城市有其自身的文化。"欧洲早期城市发展有两种重要的模式：一种以贸易为城市主要功能的网络体系；一种是以等级权力为行政职能的中心体系。而

---

① ［美］罗兹·墨菲：《上海——现代中国的钥匙》，章克生等译，上海人民出版社 1986 年版，第 81—82 页。

② ［美］R. E. 帕克：《城市：对于开展城市环境中人类行为研究的几点意见》，载［美］R. E. 帕克、E. N. 伯吉斯、R. D. 麦肯齐《城市社会学——芝加哥学派城市研究》，宋俊岭、郑也夫译，商务印书馆 2012 年版，第 4—5 页。

"以贸易网络为基本单位的城市的文化，如同其人口和贸易，容易走向世界主义且不断变化"①。近代上海作为中国第一个现代性的世界大都市，是个高度商业化的空间。它"不靠皇帝，也不靠官吏，而只靠它的商业力量逐渐发展起来"②。而"上海的商业和文化不仅只是中西文化联系的产物，而且其特定的形式是上海社会独有的"。上海城市文化独特性在于"从精英到大众，都试图实现对外来和新形态文化的本土化和驯化"，呈现"上海现代性"。③

在都市文化理论家托马斯·班德尔看来，"大都会文化的形成过程中，既是一种生活方式，也是属于都市和在都市中形成的文化产品和文化表达的在场"④。可以看出，都市文化具有都市空间的特性。日本传播学者佐藤卓己指出："空间（space）是由于经验而产生关联的场所（place），城市是浓缩了这种关联性的场所。既然城市化是空间的组织化，出版、报纸、广播等大众媒体，自然会集中产生于城市。"⑤ 民国时期的上海与纽约相似，有着更活跃更平等的公共文化。20 世纪 30 年代的上海有三十几份英文报纸，还有法文、俄文、德文、日文报纸，美联社、路透社的亚洲分社都设在上海。具体到近代上海都市文化，在上海史学者忻平看来，"20 世纪 20、30 年代的上海新型都市文化有着商业化、多元化、大众化的特点"。并且，"上海文化是在广泛的文化交流中形成自己的特色"⑥。作为上海文化重要组成部分的海派文化也体现了上海这个都市空间的特性，都市的流动性造就了海派文化的世界主义性质。历史学者许纪霖指出："海派文化具有世界主义的性质，这个世界主义，不是单

---

① ［美］保罗·M. 霍恩伯格、［美］林恩·霍恩·利斯：《都市欧洲的形成：1000—1994》，阮岳湘译，商务印书馆 2009 年版，第 68—69 页。

② ［美］霍塞：《出卖上海滩》，纪明译，商务印书馆 1962 年版，第 4 页。

③ Wen-Hsin Yeh, "Shanghai Modernity: Commerce and Culture in a Republican City", *China Quarterly*, Vol. 150, No. 2, June1997, pp. 375 –394.

④ ［美］托马斯·班德尔：《当代都市文化与现代性问题》，载罗岗《帝国、都市与现代性》，江苏人民出版社 2006 年版，第 260 页。

⑤ ［日］佐藤卓己：《现代传媒史》，诸葛蔚东译. 北京大学出版社 2004 年版，第 24 页。

⑥ 忻平：《从上海发现历史——现代化进程中的上海人及其社会生活（1927—1937）》，上海大学出版社 2009 年版，第 344 页。

数的世界,而是复数的世界,是东洋西洋八面来风的世界。"①

二 都市的衰颓与海派精神的退隐

20 世纪 20—30 年代,上海曾经是世界上最具流动性的城市。大都市上海的崛起造就了"雄极一时的海派文化"②。上海因此形成了比较稳固的全国文化中心地位。"许多人已经忘记——或许根本不知道,在两次世界大战之间,上海乃是整个亚洲最繁华和国际化的大都会。上海的显赫不仅在于国际金融和贸易,在艺术和文化领域,上海也远居其他一切亚洲城市之上。当时东京被掌握在迷头迷脑的军国主义者手中;马尼拉像个美国乡村俱乐部;巴塔维亚、河内、新加坡和仰光不过是些殖民地行政机构中心;只有加尔各答才有一点文化气息,但却远远落后于上海。"③1949 年以后,中国文化中心因国家权力的意志转移到了新中国的首都——北京。"茅盾、周杨、夏衍、叶圣陶等文化名流带着十几万创作、出版、新闻、艺术、教育大军浩浩荡荡迁往北京,还陪嫁了商务印书馆、中华、三联等出版社和许多图书、仪器设备。上海只留下没有活力的空空躯壳,'海派'文化衰落了。"④

中华人民共和国的成立,加上西方政府的歧视、封锁和"冷战",上海所有的对外文化渠道都被关闭。城市的公共设施日益破败,正如学者李欧梵指出:"上海人的国家意识极为坚定,在大一统的新中国里,以前'老上海'那个'半殖民、半封建'的城市彻底改头换面,街道的名称也全部改换。剩下当年的殖民式或国际风格的建筑物这一类的'遗址'虽然未受折损,但俨然已成废墟。……在'火红的年代'中。'老上海'或'旧上海'是一个彻底的封建名词,是'破四旧'的主要对象和背景。"⑤曾长期在上海工作的文化老人夏衍于 1980 年代中期重访上海谈到上海的

① 许纪霖、罗岗等:《城市的记忆:上海文化的多元历史传统》,上海书店出版社 2011 年版,第 11 页。
② 杨东平:《城市季风:北京和上海的文化精神》,新星出版社 2006 年版,第 83 页。
③ 白鲁恂:《中国民族主义与现代化》,《二十一世纪》1992 年第 9 期。
④ 李天纲:《文化上海》,上海教育出版社 1998 年版,第 84 页。
⑤ 李欧梵:《上海摩登:一种新都市文化在中国(1930—1945)》,毛尖译,人民文学出版社 2010 年版,第 346—347 页。

文化设施提道："三十年多年来，上海的文化事业发展较慢，在文化设施方面'欠债'不少。称得上漂亮的电影院仍然是'大光明'。"① 20 世纪 70 年代末改革开放前的上海，由一个最具流动性的城市空间失去了往昔的活力。据调查，即使在大学程度的市民中，也只有 34% 的人出入公共文化场所（通常是电影院），而 66% 的人只偶尔或根本不参加城市文化生活。② 历史学者李天纲描述了当时上海城市空间的交往状况：

> 市民不能出国旅行，外国人也很少来往；上海人不再愿意流向外地，外地人也不能进入上海；市民在不同的社区、工厂、职业、工种之间，很难自由地交换流动。大部分的社会活动，包括住房、医疗、娱乐、休假、社交、教育、培训、节日庆典、家庭关系、心理问题，全都是通过"单位"内部的资源和设施来解决。工厂、公司、商店、机关、都有自己的医院、浴室、学校、食堂、宿舍、俱乐部、图书馆，上海人称之为"单位大锅饭"，人的一生所需，都可以在"单位"内部解决。③

从现代性的交流角度来看，原本充满异质性交往的都市空间被重新规定为熟人社区，城市乡村化，作为在都会空间孕育的海派文化的衰落也在所难免。

第二节 为"海派"正名

20 世纪 80 年代随着"大上海的沉没"以及海派文化的衰落，上海地方精英们寄希望于上海地方文化重建，发动了一场上海文化发展战略的大讨论。这场讨论活动由上海市委宣传部组织，最先，两报一杂志作为

---

① 查志华：《文化老人谈上海文化——访夏衍同志》，《解放日报》1986 年 5 月 8 日第 3 版。

② 中共上海市委宣传部：《上海城市文化发展战略研究调查报告集》，上海人民出版社 1986 年版，第 400 页。

③ 李天纲：《人文上海——市民的空间》，上海教育出版社 2004 年版，第 224 页。

媒体参与方积极地介入了这场讨论。后来,专业类报纸《上海文化艺术报》又掀起一波海派文化讨论的高潮。报纸在此次报道中的作为统计如下:

报纸	时间跨度	报道频次	参与者	栏目、体裁
解放日报	1985 年 6 月 20—1986 年 5 月 15 日	报道 26 次、60 个文本,组织了 11 次笔谈	地方官员、精英知识分子	消息、述评、评论、笔谈、发言摘要
文汇报	1985 年 6 月 19 日—1986 年 5 月 15 日	报道了 21 次、56 个文本。开辟专栏 6 次	地方官员、精英知识分子	消息、评论、专栏、发言摘要
社会科学报	1986 年 4 月 9 日	4 个文本	地方知识精英	专版
上海文化艺术报	1989 年 3 月 31 日—1989 年 10 月 20 日	"海派文化讨论"专栏 5 次	地方知识精英	专栏

在媒体上发声的主要是地方政府官员和精英知识分子。上海社会科学院主办的杂志《社会科学报》做了一些简单的报道。在这次上海文化发展战略的媒介讨论中,"近代上海"成了多频率的话语。旧上海文化、租界文化研究,20 世纪 30 年代的上海文化以及海派特点的研究成为在地方报刊公开发布的研究课题。[①] 地方党报《解放日报》多次借助知识精英的出场重提近代上海文化中心的议题,同时在党报版面中占有重要舆论地位的评论中为"近代上海"正名:"上海在近代历史上向来是中国文化中心。"[②] 而在上海文化发展战略讨论高峰期间(1985 年 5 月 10—12 日),《解放日报》借助学者石西民的发言:"过去强调冒险家的乐园、十里洋场的消极影响,但五口通商之后的上海同世界资本主义市场联系在

① 《上海城市文化发展战略研讨课题》,《文汇报》1985 年 6 月 20 日第 3 版。
② 本报评论员:《建立地方特色的文化都市》,《解放日报》1985 年 6 月 20 日第 1 版。

一起成为宝地。"① 当时，中国历史博物馆的学者胡德平在《文汇报》版面上讨论中的出场更是语出惊人："认为五六十年代对上海租界的看法（'十里洋场'、'染缸'、'冒险家的乐园'）不全面，上海与世界市场联系，是'宝地'，体现上海的开拓精神。"② 更能反映报纸立场的评论版块通过评论员文章点明近代上海城市特性："上海是近代文明兴起较早和较为先进的城市。近代上海的发展，是汇集人才优势、文化优势和经济优势于一地的结果，是熔中外文化精华于一炉的产物。……近代上海是中外文化的汇合点。"③ 在这场媒介讨论中，官方和地方知识精英最终达成了建设上海文化的共识，形成了官方文件《建议》，指出："要形成具有鲜明时代特征和民族风格的富有地方特色的上海文化。"④ 在这里，在 1980 时代的时空语境中，在长期高举民族文化旗帜的背景下首次突出了上海文化地方特色，凸显上海文化的个性。那么，上海文化的地方特色是什么？在这次媒介讨论中，特别提到了标志着地方特色的"海派"，"上海成为近代中国吸收世界文化的中心，上海特有的历史传统——海派，过去那种把'海派'讥为浅薄是一种偏见。"⑤ 重提海派，为海派正名，一时形成了 20 世纪 80 年代中期海派大讨论的现象。相比上海本地报纸把海派作为地方特色的标识，而中央级报纸《人民日报》把这次"上海文化发展战略研讨会"评论为与会者反对将"海派"看作是资本主义、帝国主义、资产阶级的同义语，积极评价"海派"文化所具有的商品经济特色及对商品经济的推动意义。⑥ 可见，作为面向全国发言的中央级报纸把海派的讨论作为当时国

---

① 石西民：《对文化发展的三点感想》，《解放日报》1986 年 5 月 11 日第 2 版。

② 胡德平：《开拓精神发挥得越充分越好》，《文汇报》1986 年 5 月 15 日第 1 版。

③ 本报评论员：《振兴上海迫切需要制定文化发展战略》，《解放日报》1986 年 5 月 10 日第 1 版。

④ 《上海文化发展战略研讨会部分代表发言摘要》，《文汇报》1986 年 5 月 10 日第 2 版。

⑤ 包遵信：《发扬上海吸收世界文化的优势》，《解放日报》1986 年 5 月 11 日第 2 版。

⑥ 大江：《改革的实践呼唤着理论的繁荣——上海文化发展战略研讨会述评》，《人民日报》1986 年 7 月 11 日第 5 版。

家实行商品经济改革起示范意义的讨论活动,与上海地方报纸的报道框架完全不一样。上海在改革开放的潮流中,地方报纸积极参与到上海现代性的传承和建构,在这个意义上,地方报纸初步编绘了都市共同体的意义网络。

一　海派的都市现代性

(一)"海派"名声的沉浮

1843 年开埠后,上海迅速从一个传统县城变成一个现代的国际大都市。"海派"之称正是在这城市化过程中得来。长期来,"海派"是外地人用来骂上海人的恶谥。"最早得到海派恶谥的是晚晴画家任伯年等人,他们流寓在上海,为富商大贾和外国人作画,笔底有媚世的也有创新的。继承'四王'画风,以书画陶冶性情的士大夫文人便嗤之为'海上画派',一如当初画坛贬斥'扬州八怪'那样。随后得到'海派'恶谥的便是常恒春、盖叫天、周信芳他们闯出的'海派'京剧。那时,上海的京伶们把烟火、大炮,甚至真马真狗搬上舞台,文唱武打也尽量变幻激烈,热热闹闹的最符合城市人的口味。富于刺激,令人兴奋,与城市夜生活协调,但也破坏了旧戏曲中田园诗般的宁馨。"[1] 正因为这一"创造性破坏"而使"海派"遭到长期浸润于乡土意识的传统文人的恶骂。20世纪 30 年代京海之争已成文坛的公案,这方面的研究很多,这里不再赘述。但值得注意的是,很长一段时间里,海派之名并没有为上海文化人普遍认可,其名声也是贬多褒少。在社会主义计划经济时代,尤其是阶级斗争盛行的年代,"海派"也有阶级之分,报纸上呈现的话语如:海派有资产阶级海派与工人阶级海派之分,资产阶级海派奢侈浮夸、卑鄙无耻,工人阶级海派是战斗的、革命的首创的一鼓作气和势如破竹的作风。[2] 在"文化大革命"期间,"海派"更是被贬为"文艺黑线的

---

① 李天纲:《海派文化和都市文化访谈录》,《上海文化艺术报》1989 年 10 月 20 日第3 版。

② 马文:《"海派"新释》,《文汇报》1958 年 5 月 21 日第 3 版。

产物，是崇洋思想的产物"①。

1985 年 12 月 6 日，上海专业类报纸《上海文化艺术报》借助作者蒋星煜的发文，揭开了"海派"一词登上官方公开出版物命运的隐秘历史：

> 1960 年，以刘厚生同志为分科主编的《辞海》戏剧组，一开始决定要收录"海派"这一条目。释文初稿写好后，组内进行了讨论，为了慎重起见，还征求了周信芳同志的主见，最后定稿如下：【海派】戏剧艺术流派。"海"指上海，是同"京派"相对而言，清末起逐渐形成。主要特点是用于革新创造，善于吸收新鲜事物，及时反映现实生活；另一方面是华而不实，肤浅庸俗。前者是海派的优良传统，对戏剧艺术的革新创造有很大贡献，解放后得到进一步发扬；后者是资本主义商业化的表现，称为"恶性海派"。解放后已消除。"海派"一词主要用于京剧艺术，有时也用于其他文艺形式和一切社会生活，含义大致相同。在试行本中曾一度刊出，到了 1964 年《辞海》出"未定稿"版本时，"造反派"虽尚未登台，政治气氛、学术气氛已处在山雨欲来的困境之中。"海派"这一条目被砍。粉碎"四人帮"后，《辞海》的新版本没有立即恢复这个条目，确在《中国戏曲曲艺辞典》中让它和读者见面。②

"慎重起见"，"恶性海派是资本主义商业化的表现"等的用词，中华人民共和国成立后，从海派一词进入官方公开出版物的曲折历程来看，代表城市文化特性的海派与 20 世纪 60 年代社会主义主流意识形态构成了一定程度的紧张关系。而这一隐秘的解开也只有 20 世纪 80 年代中期思想解放的潮流中才成为可能。

20 世纪 80 年代中期，伴随着改革开放带来的思想解放以及全社会的文化热，一场研究"海派"，为"海派"正名的讨论在上海文化界

---

① 上海手帕十三厂美术设计室：《海派是崇洋思想的产物》，《解放日报》1971 年 4 月 13 日第 3 版。

② 蒋星煜：《"海派"形象刍议》，《上海文化艺术报》1985 年 12 月 16 日第 3 版。

展开，形成了 20 世纪 80 年代第一波海派讨论热潮。地方党报《解放日报》积极地介入了这场讨论，其他专业类报纸如《上海文化艺术》在这波讨论中出场较少，而上海社会科学院主管的《社会科学报》在 1986 年 4 月 9 日进行了专版讨论。相比《解放日报》，以知识分子为主要读者对象的文化类综合性大报《文汇报》对于这一讨论盛况却只刊载一条几百字的新闻稿。[①] 确也是颇有意味的事情。1985 年年底的调查显示，《解放日报》发行量 86 万份/日，《文汇报》发行量 140 万份/日，《新民晚报》发行量 154 万/日。[②] 但调查显示，《解放日报》受读者喜欢程度仅次于《新民晚报》，说明发行量不等于读者喜欢程度。1985 年 9 月 5 日，上海党委机关报《解放日报》在"上海文化战略笔谈"专栏率先发起海派议题的讨论，最先出场的是复旦大学历史学者姜义华，其文重新回顾了京海之争，提出不能因为个别的"海派小丑"而否定整个海派文化，对海派要上升到总体的、全面的、规律性的认识上来。在他看来，"海派"具有特有的精神："在艺坛上，任伯年、吴昌硕等用于革新的绘画，周信芳等具有新思想、新风格的表演，文坛上许多上海作家具有新内容、新形式的文学创作，都体现海派所特有的精神。"[③] 一石激起千层浪，1985 年 11 月 20 日，上海市委宣传部为此联合两报一刊专门组织本市专家学者召开海派文化特征讨论会，形成了研讨课题。《解放日报》、《文汇报》分别刊载了一条消息："对海派文化应推陈出新"[④]，"海派文化特征是什么"[⑤]，概述了讨论的情况，虽然对其内涵各有其词，但一致认为应发扬海派的开拓创新精神。从历史上看，20 世纪 30 年代文坛的"京海之争"，实际上是关于城市精神的讨论。但历史上关于海派的评价

① 汪澜、陈晓黎:《海派文化特征是什么，在本市四单位主办的讨论会上，大家认为其重要特征善于兼收并蓄，敢于探索创新。但近年来收到各地挑战，亟须发扬其开拓创新精神，重振上海文化半壁江山的声威》，《文汇报》1985 年 11 月 20 日第 1 版。

② 刘振元:《上海文化年鉴（1987）》，中国大百科全书出版社 1987 年版，第 67 页。

③ 姜义华:《略谈海派文化》，《解放日报》1985 年 9 月 25 日第 4 版。

④ 丁凤麟:《本市专家学者在研讨上海城市文化发展战略时提出，对"海派"文化应推陈出新，在新的历史条件下要创造出具有上海特色的社会主义新文化》，《解放日报》1985 年 11 月 20 日第 1 版。

⑤ 汪澜、陈晓黎:《海派文化特征是什么》，《文汇报》1985 年 11 月 20 日第 1 版。

贬多褒少，也隐喻上海这个现代性都市在中国乡土文化语境的尴尬地位所在。而在 1980 年代这次关于海派特征的学术讨论被认为是"为'海派'恢复名誉的一次学术讨论会"①。

关于海派的讨论持续了将近 1 年。直至 1986 年 3 月 5 日，《解放日报》在"上海文化战略笔谈"专栏，借华东师范大学历史学者陈旭麓的出场，重新肯定"海派"，并配发编者语：

> 去年九月十五日，本刊刊出姜义华教授的《略谈"海派"文化》的一文后，对海派文化的评价成为不少文化人的共同话题。其后，在"海派"文化特征学术讨论会上，更是众说纷呈，毁誉参半，最近，海派呼声再起，有的说它"将重新成为我们光荣的标志"；有的替它"正名"，究竟怎样看待海派，陈旭麓教授的《说"海派"》一文代表的是一种观点。有兴趣的读者不妨读一读。编者②

从编者语可以看出，20 世纪 80 年代关于海派文化的讨论成了文化界的公共议题，虽然对其评价未达成共识，这也正好体现了"海派"自身的多元性。"替它正名"，"海派重新成为我们光荣的标志"。党报以它特有的权威性为上海特色的"海派"谋求合法化，同时道出了这次报刊讨论的意义和价值所在：报纸初步编织了上海城市共同体的意义网络。

（二）海派与上海都会时空性

在此次海派文化的媒介大讨论中，大多数学者都道出了海派精神与上海现代性都市空间的关系。有人认为"海派"文化是与"京派"文化相比较而存在的。是中西文化交融的产物，具有非正统的特点，源于上海又不完全属于上海，属于近代城市型文化。③ 而华东师范大学历史学者陈旭麓的发言最具有代表性：

---

① 蒋星煜：《"海派"形象刍议》，《上海文化艺术报》1985 年 12 月 6 日第 3 版。
② 陈旭麓：《论海派》，《解放日报》1985 年 3 月 5 日第 4 版。
③ 丁凤麟：《本市专家学者在研讨上海城市文化发展战略时提出对"海派"文化应推陈出新，在新的历史条件下要创造出具有上海特色的社会主义新文化》，《解放日报》1985 年 11 月 20 日第 1 版。

清末民初，上海发生变化，上海是西方文化输入的窗口。中西文化在这里碰面、会叙，海派一词充分表明了这个地区与时代的印记。……上海过去是个商业城市；国际性的商业城市。有人刻画三十年代的上海说：上海这一块地方虽不大，但却似另一个世界，另一个熔炉，最愚蠢的人到了上海不久，可以变为聪明；最忠厚的人到了上海不久，可以变为狡猾；最古怪的人到了上海不久，可以变为漂亮；拖着鼻涕的小姑娘不多时可以变为卷发美人；单眼眩和扁鼻的女士，几天之后可以变为仪态大方的太太。……海派正视了这个现实，不是回避它，而是迎上去，接受它，促成自己的变革，推动文化领域的新陈代谢。……海派是指艺术、文化上的一种新的风格，它导源于上海，是由上海在近代中国社会特殊地位决定的。其特点：开新、灵活、多样；过去上海是国际性的商业城市。昔年上海已成陈迹，开放的"新上海"，需要发扬海派的开新、灵活、多样的风格。①

可以看出，海派和上海都会空间是互构的关系。海派体现上海国际性商业城市空间特性，也只有上海这样的都市空间才能孕育出海派精神。研究上海史的学者李天纲一语中的："'海派'的生存环境是都会式的。"② 当然，都市空间不是固定的实体空间，溢出了地理边界。按照人文地理学者段义孚的说法，空间可以被视为移动。③ 城市空间的移动特性，造就了海派风格的移动性。在这个意义上，陈旭麓先生并没有把海派定位为固化的区域性文化，而是颇有见地看到了其移动性：

海派以吸收西方文化的姿态出场是艺术为媒介，艺术流派来到世界，然后扩而成为文化生活的代词；对海派的认识掌握它的属性和时空，海派是一种区域性文化，可它的移动性很大，不只是人的

---

① 陈旭麓：《论海派》，《解放日报》1986 年 3 月 5 日第 4 版。
② 李天纲：《人文上海——市民的空间》，上海教育出版社 2004 年版，第 19 页。
③ ［英］Tim Cresswell 主编：《地方：记忆、想象与认同》，徐苔玲、王志弘译，台北群学出版有限公司 2006 年版，第 16—17 页。

移动，主要是这种风格的移动。①

　　这里，海派风格的移动性可作如下解读：海派只可能在上海这样的都市空间产生，只有上海才能产生海派，但"上海"并非固定的实体边界。这是由于民国上海经历了第一轮"全球主义"②，"民国上海是中国的一部分，更大程度上是由跨越民族边界的全球力量重塑的城市。"③ 而海派就是上海现代性的表征。

　　虽然这次上海文化发展战略的媒介讨论中关于海派的讨论大多从其特征和正面的意义来肯定海派，但也有异样的声音，把海派分为良性和恶性，而恶性主要是从它与商业结盟呈现的媚俗的特征，甚至依据革命意识形态为海派定性归类，把上海文化分为革命的进步的海派和落后的下流的海派，在报纸中代表性的言论有：

　　　　被鲁迅严厉批判的海派习气，也只有上海一部分依附帝国主义和官僚资本赖以糊口的下流文人的特性和文化表现，而不是上海的进步和革命的文化表现，鲁迅说得很清楚，有些论述海派文化的文章将以鲁迅为首的左翼文化运动也归为海派实在令人啼笑皆非。从现实来看，现在的上海文化，依然具有内容丰富形式多样的特点，但其性质已经是社会主义的了，其内容和形式也有了很大的变化，它不仅要继承和发展先前已有的艺术和流派包括海派和学派。而且将产生先前未曾有的艺术和学派，同时，还将进一步克服一切反动和落后的文化现象。包括旧社会遗留下来的作为下流文化习气的海派，倘若以陈旧的海派为标志，显然是不适宜的。④

---

　　① 陈旭麓：《论海派》，《解放日报》1986 年 3 月 5 日第 4 版。

　　② 李天纲：《南京路：东方全球主义的诞生》，上海人民出版社 2009 年版，第 1 页。

　　③ Wen-Hsin Yeh, "Shanghai Modernity: Commerce and Culture in a Republican City", *China Quarterly*, Vol. 150, No. 2, June1997, pp. 375 – 394.

　　④ 陈青生：《上海文化不宜以海派文化为标志》，《社会科学报》1986 年 4 月 9 日第 4 版。

这里依然回荡着 20 世纪 30 年代关于上海城市精神的“京海之争”的声音。在帝都北京文化人的眼中，上海都市文化带有海派的烙印：重商、粗俗和非民族性。自视超然的周作人、沈从文等批评上海文人“压根儿没有一点理性与风致”，是“一群玩票白相文学作家”①；上海的“买办流氓与妓女的文化”是商业和激进政治的怪异结合。② 这些指责含有偏见，但也指出了海派文人与商业结盟的特点。在学者杨东平看来，“‘海派’无论作为精神文化还是城市人格和生活方式，都离不开这层‘商的文化’，虽然它往往被赋予贬义，但在社会现代化的历史逻辑中，它的主体价值无疑是正面的”③。其实，根据郑逸梅的考察，聚集在报纸和杂志等现代印刷媒介周围，上海作家或许是中国历史上第一批依赖稿费生存的文人。与北京作家往往依靠大学教职维系生活不同，为了在经济上支持日常生活，他们不得不特别关注大众口味的变化。正是上海现代商业都市空间里，产生了“下流文化”习气的海派，常被五四知识分子讥讽的“鸳鸯蝴蝶派”文学也许就是这一“下流文化”的代表。但“鸳鸯蝴蝶派”是一种都市通俗文学，更多地代表了“市民文化”的诉求。研究鸳鸯蝴蝶派文学的学者唐小兵指出：“鸳鸯蝴蝶式通俗文学在表意上可能会认同传统的前现代的价值和观念，但在运作上却是对现代平民社会的肯定，对等级制和神圣感的戏仿和摒弃。”这个文学流派的生产机制是一种现代的商业机制，运作上呈现一种“现代性”。④ 同时，也正是在独特的海派都市空间里产生了标志着进步的左翼革命文化。这个“在中国版图‘切除出去’的城市，上海的‘邪恶’孕育着革命”⑤。上海特殊的社会环境和历史条件造就了海派文化的特殊面貌和矛盾品性。作为对“传统文化和外国模式双重背叛”的海派扎根于城市居民的日常生活中，海派所代表的绝不是单纯模仿外来的生活方式，它具有丰富的

---

① 周作人：《上海气》，载周作人《谈龙集》，上海开明书局 1927 版。
② 沈从文：《沈从文文集（12 卷）》，花城出版社 1983 年版，第 158 页。
③ 杨东平：《城市季风：北京和上海的文化精神》，新星出版社 2006 年版，第 87 页。
④ 唐小兵：《蝶魂花影惜纷飞》，《读书》1993 年第 9 期。
⑤ 孙绍谊：《想象的城市：文学、电影和视觉上海（1927—1937）》，复旦大学出版社 2009 年版，第 35 页。

内涵：是在多元文化的撞击下产生的一种绚丽多彩的文化。① 海派的特殊性在于它不中不西，亦中亦西。这样看来，对海派的爱恨交织以及良性和恶性之分也就在情理之中了。

二　上海重建"自我"

20世纪80年代末期，面对城市的进一步衰退，上海文化人中间又兴起了一波"海派文化"讨论的热潮。这波讨论热潮主要是由《上海文化艺术报》发起，在"思想库"版面，设置"海派文化讨论"专栏5次，报纸讨论的时间从1989年3月31日至1989年10月20日。报纸邀请上海地方知识精英参与讨论，此次讨论没有任何官员和官方组织的介入。《上海文化艺术报》作为小众类的文化艺术类专业报纸，相比当时的上海的三大主流报纸，其传播的范围和影响相要小，这既是劣势也是优势，正因为这一边缘地位，在20世纪80年代末讨论海派精神的时候，报纸话语的尺度较大。与1980年代中期主要讨论海派特征不同的是这次关于海派的讨论直接提升到"上海文明"的层面。著名学者余秋雨的出场道出了"上海文明"即"海派"精神在全国没有地位的缘由：

> 中国历来以北方文明为统治基础，以黄土高原、黄河流域为统治基础。上海文明的方式对中国是陌生的，现代化不仅是时间概念，也是个空间概念。"上海文明"给中国带来了实实在在的希望。有了上海这个文明聚会点，中国就有了最早的邮局、电影厂、大学、中专、美专、医院、芭蕾、文学家、科学家……可以说没有上海，中国近代文明史就会缺少了什么。但上海同时还有妓院、十里洋场、绑票、黑社会……上海是光明与黑暗的结合，中国人的思维没法理解"上海文明"，太悖论了。上海太复杂，上海受农村心理的包围、受封建意识的束缚。尽管全国都享受"上海文明"，但"上海文明"在中国始终得不到肯定的评价。本来上海面对太平洋，而现在却要

---

① ［法］白吉尔：《上海史：走向现代之路》，王菊、赵念国译，上海社会科学出版社2005年版，第203页。

上海面对大地，承担做全国"大儿子"的责任，上海的本位失落了。①

从余秋雨的表述来看，海派所代表的现代性是个空间概念，海派只可能产生在中西文明聚汇点的上海这种都市空间，当一个高度开放的上海变成封闭的空间后，上海本位失落了，也即是海派精神的失落。有的学者更是直言:"都市文明是文化的家园，但上海由于它的封闭实际上更像个村镇，已经没法产生新文化了，除非开放，海派文化绝不会复活。"②如何重振上海文明呢？"上海必须重建自我"的呼声呼之欲出。相比20世纪80年代中期海派的讨论中还存在良性与恶性海派之分，这次的报纸讨论中，知识精英们提出高举"海派"旗帜，输入现代意识，呼唤"上海文明"的振兴。学者丁罗男指出:"应该理直气壮提'海派'，提'海派'比提'创新'好，作为一个文化群体，应保持自己的个性，'海派'就是个性。"并提出:"海派的总体特点有两条:一个是主体意识;二是宽大的包容性。"③从报纸呈现的关于海派的话语来看，上海重建自我，高举海派，就是要重建上海现代性。

小　结

海派文化是在非霸权状态的都市空间里"自然"生长出来的上海文化，并非某种单一的力量更不是官方自上而下的顶层设计。需要说明的是，这样一场精英出场的文化发展战略的讨论和设计，其成效是值得商榷的，何况是在带有急功近利的动机和心态下谈地方文化建设。据当时参与其讨论的上海学者王元化先生指出:"上海的经济改革已落后于全

---

① 《"上海文明"、"海派"戏剧与现代意识的挑战》，《上海文化艺术报》1989年3月31日第3版。

② 朱大可、曹磊:《上海梦》，《上海文化艺术报》1989年4月21日第3版。

③ 《"上海文明"、"海派"戏剧与现代意识的挑战》，《上海文化艺术报》1989年3月31日第3版。

国，如能在文化改革上领先一步，上海的风貌仍有所改观。"① 总的说来，20 世纪 80 年代关于"海派"的媒介讨论大都停留在概念、特征、风格等文化艺术范畴即精英文化层面上，而更有海派特色的市民生活层面的讨论是缺失的。这可能与 20 世纪 80 年代整体文化环境关注宏大叙事有关，而这一状况直到 20 世纪 90 年代才有所改观。

对于 20 世纪 80 年海派精神的媒介讨论，有人说是经济落后于广东、深圳急于追赶的失落心态表露，如上海史学者李天纲指出："大约在 1985 年以后，'海派文化' 渐成一个流行名词，'海派文化' 的轰谈，交织着这个城市里这一代人的理想、愿望，以及看来不甚健康的愤懑、孤独、自惭自怜和自尊，是心态问题。"② 有人说是为"海派"翻案。也许是，也许不全是。是否可以理解为一代上海本土知识精英长期被压抑的文化诉求——作为上海现代性表征的海派精神在城市的热点时刻喷薄而出呢？何况租界上海孕育的市民都市社群精神从没有因政权的更替而断流。还是研究上海城市精神的学者杨东平说得好，20 世纪 80 年代关于"海派"的媒介讨论一个重要的成果是"查清了上海的家底和身世"③。而这个"家底和身世"就是上海现代性。这为 20 世纪 90 年代上海再度出发重新走向"世界中的上海"提供了想象的历史资源。在 20 世纪 90 年代进行的"90 年代上海人"和 21 世纪初发起的"迈向 21 世纪上海人精神"的媒介大讨论中地方知识精英和市民大众不断重新阐发"敢为天下先""海纳百川"的海派精神，2003 年"海派"正式作为官方定义"海纳百川"的城市精神。时任上海市委书记在上海市 2003 年精神文明建设工作会议上提出："上海城市精神要体现'以海纳百川而服务全国，在艰苦奋斗中追求卓越'。"④ 2007 年，时任上海市委书记习近平提出"与时俱进培育城市精神"，新增了"开明睿智、大气谦和"的表述。2012 年，上海市委书记俞正声提出：上海要积极倡导"公正、包容、责任、诚信"的价

---

① 李天纲：《文化上海》，上海教育出版社 1998 年版，第 364 页。

② 同上书，第 345 页。

③ 杨东平：《城市季风：北京和上海的文化精神》，新星出版社 2006 年版，第 11 页。

④ 蒯大申：《2004 上海文化发展蓝皮书总报告》，载尹继佐《2004 年上海文化发展蓝皮书：培育上海城市精神》，上海社会科学院出版社 2004 年版，第 2—3 页。

值取向。① 可见,"海纳百川"的城市精神成了21世纪几任上海市最高官员一以贯之对上海城市精神的表述。城市精神并非虚空的所指,而是与都市空间的交流紧密相连。在迈向全球化的新阶段,2016年,上海出台了《上海城市总体规划(2015—2040)》(草案),其目标是要"追求卓越的全球城市",独辟一章"培育开放包容的城市魅力",其路径之一是"构建充满活力的公共空间"。②

　　20世纪80年代是一个追求文化世界主义"新"启蒙时代,现代性的启蒙话语,穿越了时空的距离在新启蒙时代获得了延续。③ 如果说"海派所代表的上海现代性其影响作用使上海这个大都市熔炉运转起来",从而使得"海派所具有的重要性在于她代表了一种新的共同体认同模式",④那么,20世纪80年代这场具有广泛影响的为"海派"正名的媒介讨论对上海城市具有深远的意义,其意义在于上海本地报刊和本地知识精英企图承继近代上海盛极一时的海派文化来重建"上海现代性",以此重构上海城市共同体的内核。不过,20世纪80年代受限于上海城市发展、地方媒介发展以及报纸话语尺度的规约,重构上海城市共同体的内核——"上海现代性"的重建仅仅停留于"修复"阶段。

　　① 顾一琼、邵珍:《城市精神,上海实现跨越的引擎——写在党的十八大召开之际(三)》,《文化报》2012年11月17日第1版。

　　② 上海市总体规划编制工作领导小组办公室:《上海城市总体规划(2016—2040)草案公示》,http://www.shgtj.gov.cn/hdpt/gzcy/sj/201608/t20160822_692429.html,2016年8月22日。

　　③ [美]史书美:《现代的诱惑:书写半殖民地中国的现代主义(1917—1937)》,何恬译,凤凰出版传媒集团江苏人民出版社2007年版,第2—3页。

　　④ [法]白吉尔:《上海史:走向现代之路》,王菊、赵念国译,上海社会科学出版社2005年版,第220、239页。

第 二 章

重绘洋上海:"洋奴之辩"

> "地方—民族—全球",这里是中国"走向世界"的"三重门",
> 这里是世界"打开中国"的"金钥匙",这就是——"南京路"。
>
> ——李天纲

20世纪80年代,随着中国改革开放政策的开启以及实现现代化方针的提出,重新开始对"现代中国"追求的想象(史景迁语)。提到中国的现代性,最重要的一项特征是中国与外来文化的关系。从华洋关系讨论的知识和历史脉络来看,台湾学者巫仁恕做了一个简单梳理:"对现代性的讨论,总摆脱不了洋的因素。过去西方学者对于中国近代以来发展的动力,有许多不同的解释,最早的挑战—回应模式强调外来的冲击,而后来的现代化理论强调的中国西化的模式。无论是前者或者后者,都认为欧美列强对近代中国的影响甚巨。而中国知识分子关于华洋关系的建构,不论是19世纪中叶的'中体西用'说,或是五四时期的'全盘西化'说,多半从政治思想层面着手;至于华洋关系如何形塑日常生活,则较少讨论。"[①] 探讨中国的现代性,超出本书的议题,但需要指出的一点是,"民族主义和现代性观念本身是诞生在城市的新观念。"[②] 即探讨现代性,城市依然是绕不开的话题。"如果说上海城市现代性不完全是西化

---

① 巫仁恕:《从城市看中国的现代性》,载巫仁恕、康豹、林美莉《从城市看中国的现代性》,台北"中研院"近代史研究所2010年版,第iv页。

② Wen-Hsin Yeh, "Shanghai Modernity: Commerce and Culture in a Republican City", *China Quarterly*, Vol. 150, No. 2, June1997, pp. 375 – 394.

的结果，但至少是受到了西方观念、技术和风格的影响。"① 历史学者白吉尔对于上海城市的现代性给予了高度的评价："自一个半世纪以来，中国投入了现代化进程，而上海的先进性使她很早就走向现代性。从 19 世纪末起，上海的精英认识到了改革的必要，产生了进行适当变革的观念。随着这种改革的逐步实现，城市居民中的大量民众被所获得的成果和开阔的前景所吸引，集聚到它的周围。上海没有等待现代化的强行降临，她从一开始就被其中的现代性所吸引。随后，她在革命运动和内外战争中，以及从外国人那里继续学习。虽然她对外国各种影响开放，使之与改革中的新事物取得和谐。自 19 世纪以来，上海的现代性得到了充分发展，这往往与国家机器无关，偶尔与它对抗，难得与它和解。她位于长江出口处的优越的地理位置，或者说她在南方的原始资本主义与北方的政治文化传统之间充当的中间人和协调者的角色，是当今上海的优势；而上海优势的奠定，应归功于她创造的中国式现代性"②。而上海现代性的独特之处在于"不同于北京的官场传统，也不同于广东的买办传统，其特征是'驾驭西化，因地制宜，自我完善，改造社会'"③。

上海开埠以后，"文化上由'洋'、'商'、'女性'共同交织成一个新的秩序。而永安公司建构的南京路现象，从城市发展的角度看，代表的是消费观念上的突破。百货公司与广告业的共同建构某种都会逻辑，重新组合文化与空间。三十年代的上海以国货为主导，透过广告推销及百货商行，充分建构了现代性都市辉煌的景象"④。而近代上海城市的特殊在于"在很大程度上说，上海或许是现代中国民族国家危机和现代性痴迷奇异交汇的重要场所"⑤。20 世纪 80 年代，随着上海城市

---

① Sanuel Y. Liang, *Mapping Modernity in Shanghai：Space, Gender, and Visual Culture in the Sojourners' City* 1853 –98，New York：Routledge，2010，p. 30.

② ［法］白吉尔：《上海史：走向现代之路》，王菊、赵念国译，上海社会科学院出版社 2005 年版，第 4 页。

③ 同上书，第 399 页。

④ 叶文心：《从都市"奇观"到"辉煌"景象》，《文汇报》2006 年 6 月 11 日第 10 版。

⑤ 孙绍谊：《想象的城市——文学、电影和视觉上海（1927—1937）》，复旦大学出版社 2009 年版，第 3 页。

的初步开放，外来文化的重新引入，历史和现实的因素促成了一场
"洋奴之辩"的媒介讨论在地方党报上展开，开启了修复上海城市现
代性的议题。

第一节　上海都市的"洋派"传统

上海人在传统上似乎很少有排外的倾向。道光时期的张春华指出：
"黄浦之利，商贾主之，而土著之为商贾者不过十分之二三。"① 开埠前的
上海，"居民只有先来、后来之别，主客观念不强"②。上海开埠后，广州
出现洋人进城问题继而酿成大规模华洋冲突，而上海的民众与"夷人"
大体上相安无事。

开埠通商尤其是 1853 年小刀会等一系列偶然事件的因素，租界由
"华洋分处"变成了"华洋杂处"。西方人将欧美的器物、制度、观念带
到这里，将租界变成了一块"西方文化的飞地"。这块一市三治的租界飞
地"打碎了建立在儒家教义上的思想与权力的垄断"，使上海人"消除了
对洋人的偏见和构筑起不同文明之间对话的可能性"③。"十里洋场"的
繁荣都市生活让中国普通民众"十里洋泾开眼界，恍疑身作泰西游"。上
海人对现代意识的接受是先从物质生活方面接受的，便如陈旭麓先生
所说：

> 欧风美雨包含着凶暴的腥风血雨，也包含着润物无声的和风化
> 雨。与前者相比，后者没有留下那么多的伤痛和敌意，但风吹雨打
> 之下，却浸泡了千家万户。……沿海口岸在上一世纪最早承受西洋
> 物事的"东渐"，在本世纪初也最早承受欧风美雨的洗沐。清末的
> 《上海县续志序》不胜其感慨地说："上海介四通八达之交，海禁大

---

① 张春华：《沪城岁事衢歌》，载上海通社《上海掌故丛书（第一辑）》，中华书局 1936 年
版，第 20 页。
② 熊月之：《略论上海人形成及其认同》，《学术月刊》1997 年第 10 期。
③ ［法］白吉尔：《上海史：走向现代之路》，王菊、赵念国译，上海社会科学院出版社
2005 年版，第 123 页。

开，轮轨辐辏，竟成中国敌意繁盛商埠。迩来，世变跌起，重以沧桑，由同治视嘉庆时，其见闻异矣。由今日视同治时，其见闻尤异矣。更阅数十年，人心风俗之变幻比倍甚于今日。"这种变化正是洋物侵蚀和影响的结果。它们无分贵贱地进入了上流社会和下层社会，在不知不觉中改造了人们的日行起居。①

据历史学者熊月之的研究，"到 19 世纪 90 年代以后，上海人的崇洋心理已经相当普遍了"②。上海成了中国最具西化风格的城市，上海人也成了最具崇洋心理的都市人。在明末清初，《民立报》、《新闻报》、《新青年》、《现代评论》等许多重要报刊参与的关于上海城市特性的讨论中，学者章渊若比较了北京与上海的差别，特别提到了上海人崇洋的行为特征：

> 上海人重视的是"洋"，所以穿衣要洋装，说话要洋话，连车夫都会也是"喔啦"对付几句，打电话用英文，便立刻替你接上。北京人崇拜的是"官"，所以穿衣要官服，说话要打官话，打电话要说某机关。上海人用电话电灯，到期一定要付钱，剔于洋人威势，谁也不敢拖欠半文。北京却大不相同，只要是有力的机关，或有势力的府第，非但不必付钱，每逢节期，电话电灯公司，照例有信送来，祝你公祉、勋安，信里至多苦着脸说是金融紧迫，"希望"勿再延，受信人至多一笑置之，甚至看都不看，然而普通用户，却要如期付清，不能享受这种权利。③

也正是因为这种都市人的崇洋心理，在民族主义高涨的年代，也带来了另外一些站在民族国家立场上对"崇洋"诘难的声音：

---

① 陈旭麓：《近代中国社会的新陈代谢》，上海社会科学院出版社 2006 年版，第 228—229 页。

② 熊月之主编：《上海通史（第六卷）：晚清文化》，上海人民出版社 1999 年版，第 34 页。

③ 熊月之、周武：《海纳百川——上海城市精神研究》，上海人民出版社 2003 年版，第 32 页。

谚所谓人入北京，如锡入烘炉，鲜有不为其熔化。吾谓上海亦然。不见未饮黄埔水者，规行距步如故也，一屡其地，每多抑华扬洋，风尚所趋，不转瞬间，而受其同化，生存之道未效，而亡国灭种之态维肖。吾有见夫北京人之气习多官气，故以充官奴为荣，而上海人之气习多洋气，而以充洋奴为荣，而其实则充卖国气以陶铸卖国奴也。①

上海人洋化的生活方式在 20 世纪 30 年代曾引起国民政府的担忧，1934 年国民党政府推行了新生活运动，新生活运动的支持者把租界奢侈的生活方式视为受到外国影响的奴化方式。但问题的关键是"在上海盛行的商业文化，是建立在追求西方式现代化的基础之上，与作为中国人的自豪感没有丝毫的抵触。在上海，世界主义和民族主义并不相互排斥，而是恰恰相反"②。

1949 年以后，上海由一个富有活力的众声喧哗的国际化大都市变成了一个社会主义计划经济时代严密控制和封锁的空间。在官方的层面上，洋化的生活方式成为新政权改造的对象。而上海这个城市的特殊在于，上海城市的崇洋特性几经政权的更替并未完全革除。有学者指出，上海的日常生活空间呈现"微观抵抗"。1953 年，一位北京抵沪的干部惊讶地发现，街头行人的穿着，跟中华人民共和国成立前相比似乎没什么变化。20 世纪 60 年代中期以后，风靡全国的军装从来没有征服上海，它始终只是集中徐汇区的少数干部子弟借以表明身份的符号。③ 根据历史学者卢汉超的观察，"旧上海的西化在解放后的官方立场上虽然遭到批判谴责，但它在一般市民中却并未被真正搞臭。……即使文化革命最激进的年代里，'洋派'一词在民间从未成为贬义词，上

---

① 病僧：《上海痛（一）》，《民立报》1911 年 6 月 13 日第 5 版。

② ［法］白吉尔：《上海史：走向现代之路》，王菊、赵念国译，上海社会科学院出版社 2005 年版，第 214 页。

③ 许纪霖、罗岗等：《城市的记忆：上海文化的多元历史传统》，上海书店出版社 2009 年版，第 226—227 页。

海,中国最西化的城市,便继续成为一个象征"①。青年学者董倩通过对
1949—1966 年《新民晚报》丰富的报纸文本材料的研究,发现报刊对社
会主义日常生活空间的建构呈现断裂与延续的特征,在日常生活领域中
上海的都市特性具有强大的延续性。②

第二节　城市"洋味"的合法化

　　上海作为历史上开放的国际性移民城市,其独特的租界制度和华洋
杂居的经历,使上海人建立了有异于内地的对外来文化宽容接受的态度。
西化的传统只要遇到合适的机会和政策空间就会激活出来。在 20 世
纪 80 年代中期,上海电机厂实行中外企业厂长相互交流,这在当时
国内属于第一次,为此,1986 年 7 月 18 日,《解放日报》记者孙林
浓墨重彩地写了一篇上千字左右的通讯《出任"洋厂长助理三个
月——访上海电机厂厂李文华》。紧接着 1986 年 9 月 24 日,又发表
一则短消息《洋厂长顾问来走马上任》,并且在头版刊出(当时《解
放日报》的版面为四个版),在这篇消息中,报道了一个细节:"联
邦德国西门子公司狄那摩工厂厂长爱西托玛亚顾问视察上海电机厂车
间,看到了两个工人坐在那里没有干活,就找车间主任,问他有什么
想法。车间主任回答说:'坐着是不对的。'又问:'不对,应该怎么
办?''应该教育。''教育不听怎么办?'车间主任一时无言以对。"③
正是这个细节报道,加上标题中突出"洋",这个曾经改革开放前报
刊上忌讳并引以为贬义的洋字触碰到了久经民族意识浸润的读者的敏
感神经,引发了一场关于洋味和奴味的热烈讨论。作为地方党报的
《解放日报》主动设置了"洋味和奴味"的议程,发动读者大众进行
讨论。此次讨论的媒介材料统计如下:

---

　　① 卢汉超:《上海城市的文化认同及其开放与容纳》,《学术月刊》2004 年第 7 期。

　　② 董倩:《改造日常:〈新民晚报〉与社会主义上海生活空间之建构(1949—1966)》,上
海人民出版社 2016 年版。

　　③ 孙林:《洋厂长走马上任》,《解放日报》1986 年 9 月 24 日第 2 版。

时间	参与者	新闻体裁（栏目）	所涉议题或关键词
1986.7.18	孙林（记者）	通讯（第2版）	洋厂长
1986.9.24	孙林（记者）	消息（本报讯）	洋长顾问
1986.11.24	孙林（记者）	消息（本报讯）	引进国外先进管理经验，冲破旧观念
1986.11.24		短评	企业管理
1986.11.26	读者	问题讨论（编者按）	洋味，奴味；增加开放意识
1986.11.30	李仁亮（印刷厂）陈乃让（旅游汽车公司）施民华（海港实业有限公司）	增强开放意识大胆面向世界——由洋味与奴味引发的议论1（开辟专栏）编者按：收到100多篇信稿，选登3篇	四化建设，民族自尊心
1986.12.4	胡铁相（北京读者），工厂职工	由洋味与奴味引发的议论2	振兴中华，崇洋而不媚外
1986.12.7	复旦研究生，工厂职工，上海开发区官员	由洋味与奴味引发的议论3	改革开放
1986.12.14	朱玉龙（记者）	观察与思考	中华人民共和国成立前的南京路，洋味是特色，上海成了国际城市的窗口
1986.12.19	本报评论员	评论	上海在历史上是对外贸易、金融、中外文化交流中心；近代西方文化；上海在历史上的优势
1986.12.19	上海电机厂职工，中华造船厂职工，林放	由洋味与奴味引发的议论4	中国人、外国人；洋未必奴，扩大开放
1987.1.5	宋文彬	上海怎样进一步对外开放（主题）；加编者按	上海历史名城，中华人民共和国成立前上海与世界著名大城市相提并论

1986年11月26日，刊发读者来信，配置醒目标题"请少一些'洋味'和'奴味'"，并配发编者按：

　　九月二十四日，本报发表了"洋厂长顾问"爱西脱玛亚来上海电机厂工作的一则短消息。报道发表后，受到了读者的欢迎。但是，也有读者提出了异议。这里摘要发表一封持不同观点的来信。信中提出的"洋味"和"奴味"的问题，耐人寻味。市委在关于"七五"期间社会主义精神文明建设的实施规划中，要我们树立新观念、新思想、增强改革、开放、创新意识，并提出"当前要特别增强开放意识"。我们认为，以这封信为由头开展议论，对如何理解和加强开放意识，改变在长期封闭环境下形成的一些不适应的观念，是有意义的。希望广大读者来信来稿，我们当择要刊登。①

　　从编者按可以看出，作为党报，讨论的动机是以洋味和奴味为由头进而配合官方的"开放"政策，以此规定了讨论的基调。20 世纪 80 年代，上海城市的对外开放还只停留在"观察"阶段，作为大众传媒的地方党报讨论洋奴议题话语的尺度是有限的，但是在后来的讨论中还是有可以找寻到关于上海城市特性阐发的蛛丝马迹。

　　先看读者来信，批评这篇报道的理由是："为激励中华民族自尊心，不要再在一些东西的提法上加一个'洋'字，记者的报道突出如此醒目的标题，突出'洋'字，多不自在。"接着阐发道："'奴味'，在报道中车间主任和'洋'厂长顾问的那几句对话，简直是活脱脱地呈现了'奴仆'对'主子'一副卑贱相。"这篇刊发在"问题讨论"栏目中的信件一经刊出，引发强烈反响，收到了一百多件信稿。报纸接着刊发了专栏"增强开放意识，大胆面向世界——由'洋味'与'奴味'引发的讨论"，设置专栏 4 次，刊发了 13 篇讨论文章。报纸采取相对相对平衡的手法，即让不同的声音同时出现在同个专栏。

　　20 世纪 80 年代中期地方党报关于洋奴之辩议题主要是在民族国家框架下探讨。如讨论的话语有"振兴中华，崇洋不媚外""中国人，外国

---

　　①　读者：《请少一些洋味和奴味——对洋厂长顾问报道的一些想法》，《解放日报》1986 年 11 月 26 日第 2 版。

人""民族工业"等。在报刊讨论中也出现了相对理性平和的声音，如有读者从心理层面探讨中国人厌恶"洋味"的心理结构，如复旦大学哲学系研究生朱浩认为："'洋'这个概念最初和'狄''蛮''夷'一样是对外族人的贬称。只是到了20世纪，中国人确实看到了洋枪和洋货的厉害时，'洋'才变成了褒义词。才有'洋大人''洋油''洋伞'等。这种自卑是被迫的，因为理智上确实认识到中国不如人家，但心底深处仍然保留'自尊自大'的情绪，这种状况一直延续到现在。"① 还有的从日常生活层面生发出对"洋"的解读，《"洋"未必"奴"》一文尤其富有意味，其作者林放举出一些日常生活的例子来说明"洋"未必"奴"："在几十年前，用钢笔也曾经被人指责为奴化，放弃了国产毛笔不用，而用洋人的钢笔，好像就粘上了奴气。……我们每天使用的钢笔，本来是洋货，但是现在已经普及到小学生了。"② 这篇报道的作者是上海老报人赵超构（笔名林放），最先登载在主要面向市民的报纸《新民晚报》（1986年12月6日），《解放日报》转载了这篇文章，与其他讨论文章并置在专栏"由洋味和奴味引发的议论"，这表面上是转载行为，实际上表明了地方党报的一种态度，也是一种媒介话语的表达，即对市民日常生活中的洋味赋予其合法性。

第三节　重访现代都市商业
空间：南京路的"洋"

20世纪80年代中期在"洋奴之辩"的媒介讨论过程中，有意无意地溢出民族主义的话语，关于洋的讨论，触发了上海城市现代性的议题。1986年12月19日《解放日报》本报评论员文章中就指出："上海在历史上开放得比较早，曾经是远东贸易、金融中心和中外文化交流的中心。近代西方文明很多就是通过上海进入中国的，上海完全应该发挥它在历史形成的优势。'面向太平洋，通达全世界'。"在评论的结尾，为了政治

---

① 朱浩：《健全我们的心理结构》，《解放日报》1986年12月7日第2版。
② 林放：《"洋"未必"奴"》，《解放日报》1986年12月19日第2版。

的正确，来了一句"资本社会某些腐朽的东西是吃不了我们的"① 豪壮之语。在关于洋味和奴味的讨论中，有人就联想到了南京路洋味是否浓些的问题。正因为如此，记者朱玉龙开展了重新发现"南京路"之旅。这次关于南京路的"洋"味的媒介报道，依然绕不开中华人民共和国成立前南京路的"洋":

　　　　南京路，解放前最大的特色便是"洋"。无可否认，昔日南京路上的"洋"，具有浓重的半殖民地色彩。但是，"洋"又反映了现代世界物质文明的底色。正是这种特色，使南京路成了当时上海这个国际性城市的重要"窗口"。可是，现在我们讲南京路具有"老、大、名、特、优"等特点，却不提这个"洋"字了。经过历史潮流的冲洗，南京路上的"洋味"一度荡然无存。②

　　历史上的南京路，确实"洋味"十足。它曾经是上海和中国的大马路，是一个商业中枢。被称为"上海的牛津大道，第五大街"。具有当时欧美大都市都不具备的国际特色：南京路上"中外产品交织……银饰品、丝绸、缎子、毛皮都种类繁多。上述商店每家在开业那天一般报道都有十万美金的柜台收入"③。历史上，南京路构成了蔚为壮观的都市景观："对外地游客而言，在南京路的百货公司里购买现代的奢华品是必要而令人神往的仪式。……南京路的'柜台消费'和'橱窗消费'，带来了感官、身体和意识上的解放感，震撼中国人。"尤其是南京路这个商业公共空间对上海人市民精神生发出不同寻常的意义："上海人所说的'洋派'，比较中性，只是'现代'和'摩登'的代名词，它融入城市生活方式，是市民精神的一部分。"④ 正是在这个意义上，历史学者李天纲指出历史上"南京路"的特别之处："南京路，是上海社会的独特经验，具有'本

---

① 本报评论员:《增强开放意识》,《解放日报》1986 年 12 月 19 日第 2 版。

② 朱玉龙:《南京路如何走向世界》,《解放日报》1986 年 12 月 14 日第 2 版。

③ 李欧梵:《上海摩登:一种新都市文化在中国（1930—1945）》,毛尖译,人民文学出版社 2010 年版,第 20 页。

④ 李天纲:《南京路:东方全球主义的诞生》,上海人民出版社 2009 年版,第 60 页。

土色彩'，同时代表了'东方全球主义'的诞生。"① 这种认知对历史潮流中官方建构的上海人"崇洋"的话语产生了颠覆的意义。在社会主义计划经济时代，社会主义上海需要的是"一条繁荣、健康、有秩序、有民族特点的南京路"②。在追求有秩序、有民族特点的南京路的年代，洋味作为资本主义腐朽的东西需要革除，正如这次报道记者所言："经过历史潮流的冲洗，南京路上的'洋味'一度荡然无存。"从历史上看，"1950—1980 年代，是南京路承接全中国的'乌托邦'理想主义，不断从事'社会主义改造'的时期，上海社会按照一套全新的意识形态来设计，经济'计划化'，生活'集体化'，行为'道德化'，道德'政治化'，政治'运动化'"③。其实，近代上海的南京路并非完全是西化的景观："南京路，绝非是洋人独霸的天下；相反，后来居上的华人商业，在20 世纪占了压倒性优势。"④ 当时在南京路这个都市商业空间，"新一代中国企业家追求商品的本土化，而他们自己不介意混合外国的、现代的以及中国的、本土的，在这个过程中，他们成功的建构了一个他们标签为民族的新的物质文化"⑤。这说明了上海人的崇洋不媚外，"历史上上海人对外国人不感到生分，也不把他们叫作'老外'，对外国文化既不排斥也不轰动；对子女，希望他们出国深造，远胜于希望他们做官；无疑是崇洋的，倒也不怎么媚外，不对外国人表示特别的崇敬"⑥。

南京路的不中不西，亦中亦西，常被斥为不是东西。这种文化上的"上海"问题一直萦绕在民众心中。20 世纪 80 年代，在南京路再次走向世界的过程中，南京路遭遇既新且旧的形势。"洋味应是南京路的一个特色"，"现在洋味又悄悄地回到了南京路上。"但在 1980 年代中期南京路的洋味还不够浓，"许多外国人想到南京路商店租橱窗做广告，都受到了限制，除现在定下来的五六个橱窗广告外，只能摆到其他街上去"。接着

---

① 李天纲：《南京路：东方全球主义的诞生》，上海人民出版社 2009 年版，第 191 页。

② 《这样的南京路！满意吗?》，《新民报》（晚刊）1956 年 11 月 2 日第 4 版。

③ 李天纲：《南京路：东方全球主义的诞生》，上海人民出版社 2009 年版，第 160 页。

④ 同上书，第 51 页。

⑤ Wen-Hsin Yeh, "Shanghai Modernity: Commerce and Culture in a Republican City", *China Quarterly*, Vol. 150, No. 2, June1997, pp. 375–394.

⑥ 余秋雨：《上海人》，《新民晚报》1989 年 4 月 2 日第 8 版。

报道指出其原因:"这是因为许多干部怕南京路的洋货多了,会'占领'中国市场,打击'国货'。"地方干部是这样认为的,可"老上海"倒有不同的看法。他们认为:"洋货来多了,可能使民族工业受到一定影响,经营洋货,会带进国外先进工业技术信息,促使国货提高质量,追赶世界先进水平。"①

关于南京路改造的故事还在继续,20 世纪 80 年代,上海市政府制定《南京东路地区综合改建规划纲要》,"和平饭店""国际饭店"等豪华老饭店,按 20 世纪 30 年代的风格进行装修。在改革开放的声浪中,南京路重新赢得"中华第一商业街"的美誉。在 20 世纪 90 年代的改造中,《解放日报》发动了一场"南京路如何改造"的媒介讨论,形成了一波南京路的讨论高潮。新形势条件下南京路的改造问题离不开南京路起源的经验,开埠 100 多年来"南京路"的基因和生命在新的历史条件得以延续。

关于洋味和奴味的这场媒介讨论,也出现了异样的声音,中央级报纸在 20 世纪 80 年代末批评其上海人的崇洋:"上海旧称'十里洋场','迷洋意识'是极易复萌滋长的,加之市场意识也在滋长,必然引发'借洋名涨价'的发财动机。"②批评归批评,上海人西化的现代性经验并未因为官方意识形态的管控而终止,正如研究上海城市文化精神的学者杨东平指出:"如果 1980 年上海在城市的改革开放上一度缓慢,那么上海人的自发选择,上海的出国潮却汹涌澎湃,始终领导着潮流。"③地方媒体对上海人的"出国热"进行了呈现,"这几年,不管严寒酷暑,阴暗雨雪,到美国领事馆门前等候签证的上海人,似乎越来越多了,赴美热潮方兴未艾。近 3 年来,从上海签证赴美人员,1985 年 10 月至 1986 年 9 月,计 8523 人,1987 年 10 月至 1988 年 9 月,计 11593 人。大多数去美国的是自费留学生,占总签证人数的 38%,贸易商业人员占 20%,政府机关、企业单位等公派人员占 8%,其他还有技术培训、旅游、记者等

---

① 朱玉龙:《南京路如何走向世界》,《解放日报》1986 年 12 月 14 日第 2 版。
② 《"崇洋意识"复萌滋长 "借洋涨价"得以风行》,《人民日报》1989 年 8 月 2 日第 2 版。
③ 杨东平:《城市季风:北京和上海的文化精神》,新星出版社 2006 年版,第 331 页。

等。"① 20世纪80年代末流行一首民谣:"广东人什么钱都敢赚,北京人什么话都敢说,东北人什么事都敢干,上海人什么国都敢出。"而在1990年代上海城市实行真正开放的情境下,报纸上出现了"年轻人热衷取洋名"甚至有"越洋越有出息"的言论②,上海人的"崇洋"已不是一个问题,而是上海重新惊艳世界可资借鉴的历史资源。

小 结

20世纪80年代中期由上海地方党报《解放日报》发起的"洋奴之辩"的媒介讨论是在上海城市初步开放及外来文化重新引入的背景下进行,受限于当时官方主流意识形态时松时紧的影响,规约了"洋味和奴味"媒介讨论的空间和尺度。报纸"希望这场讨论深入下去"③,可在1987年由于官方意识形态的突然收紧(注:1987年,在报纸中出现了反对资产阶级自由化及反对全盘西化的话语),报刊讨论戛然而止。尽管这场"洋奴之辩"的媒介讨论是在民族国家的框架下展开,但随着讨论的展开,触及了上海城市现代性的议题,初步重构了现代都市商业空间——"南京路"。从媒介叙事来看,作为上海城市共同体的内核——上海现代性的重建在20世纪80年代的时空语境中停留在修复阶段。

---

① 《星条旗下的上海人》,《解放日报》1988年11月17日第6版。

② 方捷:《赶时髦居然赶出新名堂年轻人热衷取洋名》,《解放日报》1991年9月3日第6版。

③ 本报评论员:《增强开放意识》,《解放日报》1986年12月19日第2版。

第二部分

再造城市性格：世界中的上海

20 世纪 90 年代，中央调整了改革开放的重点，改革开放初期曾处于改革列车的"尾灯"的上海被确定为改革发展的"中心"和"龙头"①。从此，"上海走到了改革开放的前沿"②。随之而来的是，"上海开始追赶深圳、海南和广东先行'开放'的步伐，步入城市经济的快速发展阶段。20世纪 90 年代的'浦东开发'，着重在'开放'上寻求突破"③。上海城市对外交流的功能在新的社会形势下又得到了恢复，上海再次逐步成为中国对外贸易与文化交流的中心。在这样的城市发展历史背景下，"作为现代都市的上海也成为上海本地文学创作题材和主题"④。而上海本地报纸对这些题材的文学作品展开了媒介讨论。1993 年 2 月 25 日，《文汇报》在理论学术版以"大上海：性格即命运"为题，刊登了文学界对俞天白的纪实作品《上海：性格即命运》的讨论会纪要。在这场讨论会上，当时的上海社会科学院社会学研究所所长丁水木讲道："上海开埠以来外来移民使上海形成了独特的性格，遗憾的是，历史开了一个玩笑，中国在近四分之一世纪的时间里被封闭起来了……俞天白的新作……讴歌了改革开放以后上海性格的回归。……俞天白的新作用纪实的形式反映了上海已经走过的道路，以科学的逻辑论证了上海今后将义无反顾，大步向前，向着世界级的现代化城市挺进。"⑤ 也就是说，上海性格的回归就是要"开放"，再次走向"世界中的上海"，通过开放性的交流重回世界城市网络中的节点。20 世纪 90 年代初是上海腾飞的初始阶段，随着城市的转型，承继 80 年代报纸对上海现代性的修复之后，上海本地报刊开始了上海城市共同体新一轮的重构。这个时期主要是围绕两个媒体事件展开：一个是 1991 年以"纪念上海建城 700 年"为由制造上海的城市特性，作为"城市"的上海经由报刊传播逐渐浮现；另一个是 20 世纪 90 年代初期几乎裹挟上海本地所有大众媒介持续数年对"上海人"的制造，成为全国一个独特的媒介现象，城市共同体主体意识逐渐苏醒。

---

① ［法］白吉尔：《上海史：走向现代之路》，王菊、赵念国译，上海社会科学院出版社 2005年版，第 433 页。

② 熊月之主编：《上海通史（第 14 卷）：当代文化》，上海人民出版社 1999 年版，第 4 页。

③ 李天纲：《人文上海——市民的空间》，上海教育出版社 2009 年版，第 175 页。

④ 熊月之、周武主编：《上海：一座现代化的编年史》，上海书店出版社 2007 年版，第 610页。

⑤ 《大上海：性格即命运——俞天白新著讨论纪要》，《文汇报》1993 年 4 月 25 日第 7 版。

第 三 章

"城市"的浮现:纪念"上海建城 700 年"

> 在网络中现身或缺席,以及每个网络相对于其他网路的动态关系,都是我们社会中支配与变迁的关键根源。
>
> ——曼纽尔·卡斯特

网络概念是全球时代的一个隐喻。[①] "作为一种历史趋势,信息时代的支配性功能与过程日益以网络组织起来。网络建构了我们社会的新社会形态,而网络化逻辑的扩散实质地改变了生产、经验、权力与文化过程中的操作和结果。"[②] 在网络中,"要素之间的内在关系远比单一要素本身更为根本"。"关系是根本","存在的只是关系"。[③] 而一个网络就是一套相互关联着的节点而形成的关系。各节点在网络中的重要性如何并不在于它们本身的属性,而在于网络中的其他节点相不相信它们的能力。重要节点并不是网络的中心点,而是网络中起转换作用的关节点,这些"转换者"遵从的是网络运行逻辑,而不是命令逻辑。[④] 因此,在卡斯特的视野中,网络是一种动态的、开放式的以及去中心化的结构,强调"偶然性、开放性以及不可预见性"[⑤]。网络是一种典型的空间概念,网络的实质就是一种社会关系的呈现。对于一个现代性的城市,网络意味着,

---

① [英] 约翰·厄里:《全球复杂性》,李冠福译,北京师范大学出版社 2009 年版,第 63 页。
② [美] 曼纽尔·卡斯特:《网络社会的崛起》,夏铸九、王志弘等译,社会科学文献出版社 2001 年版,第 569 页。
③ [英] 约翰·厄里:《全球复杂性》,李冠福译,北京师范大学出版社 2009 年版,第 25 页。
④ 同上书,第 12 页。
⑤ 同上书,第 13 页。

打破隔绝和封闭,建立新型的社会关系。① 在这个意义上,传播学者谢静认为,城市的根本特性在于城市既是经济载体,又是人们生活交往的场所,是创造意义建构认同的空间;而且这些活动不仅是在城市"内部"完成,还与其他城市和要素错综复杂地交织在一起。从网络的观点看来,城市从本质上说就是一种复杂网络。而城市的网络形态,是全球化、信息化、媒介化社会的必然结果。②

按照地理学者朵林·玛西的说法:城市本质上是开放的,是广泛相互联结的时空社会关系网络的节点。③ 从 1843 年上海开埠之后到 20 世纪 20—30 年代,上海经历了第一轮"东方全球主义"④,并从江南的一个普通小县城一跃成为"东亚第一大都市"⑤。上海都市的繁荣重要原因之一是当时的上海"建立了通达中国与世界各地多层多面的关系网络"⑥,即位居许多多重交叠网路的关键节点。社会主义计划经济时代的上海,由于官方执行特定政策等原因,切断了上海与外部世界的联结,掉落到了网络之外,意味着衰退。20 世纪 80 年代,由于官方政策的小心翼翼,虽然上海被划为 14 个"开放城市"之列,但只停留在"观察"阶段,并未真正开放,上海成了改革开放的"后卫"⑦。随着国内其他沿海城市逐步向世界开放而迅速崛起,而上海却在全国城市地位中衰落,"大上海沉没"意味着曾经作为一个重要节点的上海在中国和世界城市网络中的"缺席"⑧。20 世纪 90 年代,随着浦东的"开发"和"开放",上海二度

---

① 孙玮:《传播:编织关系网络——基于城市研究的分析》,《新闻大学》2013 年第 3 期。

② 复旦大学信息与传播研究中心课题组、谢静:《可沟通城市:网络社会的新城市主张》,《新闻与传播研究》2015 年第 7 期。

③ [美]朵琳·玛西:《世界中的城市》,载[美]朵琳·玛西、[美]约翰·艾伦、[美]史提夫·派尔主编《城市的世界》,王志弘译,台北群学出版有限公司 2009 年版,第 111—113 页。

④ 李天纲:《人文上海——市民的空间》,上海教育出版社 2009 年版,第 1 页。

⑤ 叶文心:《上海繁华:都会经济伦理与近代中国》,王琴、刘润堂译,时报文化出版公司 2010 年版,第 11 页。

⑥ 熊月之、周武:《海纳百川——上海城市精神纵横谈》,上海人民出版社 2003 年版,第 41 页。

⑦ 熊月之、周武主编:《上海:一座现代化的编年史》,上海书店出版社 2007 年版,第 563 页。

⑧ [美]曼纽尔·卡斯特:《网络社会的崛起》,夏铸九、王志弘等译,社会科学文献出版社 2001 年版,第 569 页。

出发,重构城市内外社会关系的网络,开启了新一轮全球化的进程。当上海再球化过程中,激起上海是什么,城市"在哪里"的议题。

本章节就是以 1991 年纪念上海建城 700 年报纸报道为考察对象来看地方报刊如何想象和重构作为城市的上海。此次报道的媒介资料以及各媒体的出场姿态与作为统计如下:

报纸	时间跨度	参与者	栏目及体裁	核心议题
解放日报	1991.1.21—1991.11.11	官员、读者、学者	消息、论坛、读者评论、研讨会侧记、画刊	开放的上海形象
文汇报	1990.7.13—1991.11.3	官员、学者	专栏"话说上海七百年"、研讨会论文摘篇	移民城市、近代上海、开放城市
青年报	1991.1.4—1991.6.21	学者、媒体从业人员	专栏"纪念上海建城七百周年",开展"上海:城市与人"系列讨论	上海人的城市意识及文化行为特征
新闻报	1991.1.5—1991.11.9	学者	访谈、学者笔谈专辑、历史珍影专辑、专栏"外滩变迁录"	上海城市的生日、近代上海的特性
上海文化艺术报	1991.3.15—1991.11.18	记者	消息、专栏"上海寻梦录"	寻找历史踪迹
社会科学报	1991.11.17	学者	专版"纪念上海建城 700 周年"	近代上海的城市个性

在此次媒体虚拟空间的庆典中,表现最为突出的是《新闻报》和《青年报》两家报纸。不但组织专家座谈会讨论在版面形成了讨论专版,而且相对于老牌的传统官方报纸《解放日报》和《文汇报》来说,在 20 世纪 90 年代地方报系中属于新锐报系的前两家报纸报道的话语尺度和口径相对较大。

本章节试图回答 20 世纪 90 年代初在城市的热点时刻关于纪念"上海建城 700 年"的媒介报道中,上海报刊如何参与建构城市"内"、"外"的社会关系网络?意味着什么?

第一节 再造世界城市网络的节点

这次纪念报道的发起者是当时复旦大学一名年轻的历史地理学者周振鹤，于 1990 年 7 月 13 日在《文汇报》学林版刊文提议，摘选如下：

> 世界上的重要城市都有自己的建城周年纪念日，唯独上海没有。……经过七百年的发展，上海已成为全国最大城市，我们是否可以适当举行纪念活动，以回顾上海的发展历程，检阅社会主义建设的伟大成就，并激励上海人民担负起振兴上海的光荣历史使命呢？上海同时又是国际性的大都市，在世界上许多国家拥有姊妹城市，是否可以将纪念活动与国际文化交流活动结合起来，以更好地促进改革开放方针的实施，使上海尽快进入世界先进城市的行列呢？①

对此，《文汇报》还特地加了一个编者按：

> 明年是 700 周年，我们建议，在此期间举行一些有意义的纪念活动，回顾上海历史发展的历程，进行一次："爱我上海，振兴上海"的教育，使上海早日跃入世界先进城市之列。②

从这里可以看出，一方面，纪念报道的发起者作为一名历史地理学者试图从空间的想象视角来重新协商与建构上海在世界地理网络中的位置，可能暗示改变轨道，迈向不同的未来，也就是上海重新步入"世界先进城市的行列"；另一方面，报纸借助知识精英的出场，配合改革开放国策的实施，以纪念建城 700 年为由，开始把上海与世界其他城市并置，试图打捞出上海作为都市的独特历史，形成城市为主体的历史叙事，从

① 周振鹤：《明年是上海建城 700 周年》，《文汇报》1990 年 7 月 13 日第 7 版。
② 同上。

意识形态来看，这是世界主义精神的体现。颇值得玩味的是，上海城市纪念日并没有把它定在官方宣传的迎来上海人民新生的上海解放日。与之对照的是，"在1993年上海开埠150周年，也有学者提议进行庆祝，学界举行了大型的研讨会，但报纸只是发布了简短的关于研讨会的消息，没有在报纸上形成知识精英向大众呼吁的姿态"①。在20世纪90年代初的语境中，大众报刊避开开埠时刻，但并非不谈"开埠"这个话题。从这次立足地方层面重新想象城市的纪念活动在报纸上的出场姿态来看，"适当举行"、"一些有意义的纪念活动"、"检阅社会主义的伟大成就"，这些措辞的"小心翼翼"显示了党领导下的面向大众的报纸与国家意识形态复杂的纠葛。在具体的纪念报道中，呈现话语的多元性，至少有三种类型的话语。

话语之一，传统意识形态话语与开放话语的暧昧调和。虽然此次报道冠以的主题是纪念建城700年，但在报纸中大多数讨论是围绕开埠以来的上海历史展开。在《青年报》展开纪念上海建城700周年活动讨论，学者邓伟志直接指出："上海建城七百周年，对中国的政治、经济、文化很有意义，但上海开埠的一百多年可能更有意义。"②"开埠"话语曾经在"政治正确"绝对前提下在社会主义计划时代有关上海的官方历史叙事中隐退了，即使提及，也是用殖民时代民族屈辱或者阶级革命等宏大的国家话语把上海城市多元历史遮蔽于无形。在1990年代初的时代语境中，围绕"开埠"，知识分子在报纸上的发言姿态又如何呢？比较有代表性的是《文汇报》，刊发专家学者的发言摘要中潘君祥从经济的角度重构了近代上海的历史："近代以后，上海虽然是被迫对外开放，但就国际间的联系而言确实空前活跃起来，上海的市场进入了世界市场的循环圈。开埠后由外国列强攫取租界也在客观上为城市人口和资本的集中提供了安全保障，市政建设和公用事业的发展又为资金投入创造了良好的环境。随开放而来的技术引进为城市经济的起飞创造了条件。"最后得出结论，

---

① 孙玮、李美慧:《制造上海:报纸中的"上海开埠"——以2003年为例》，《新闻大学》2009年第4期。

② 《纪念上海建城七百周年"上海:城市与人"系列之一，上海人的城市意识》，《青年报》1991年1月4日第5版。

"开埠是上海城市经济的起始点"①。这是中华人民共和国成立以来第一次在报纸这个公共空间石破天惊地道出开埠是上海城市的起点，因为开埠使"上海的市场进入了世界市场的循环圈"，意味着上海与多种"全球循环回路"② 接轨，连接了世界城市经济网络。同样围绕"开埠"，在《新闻报》版面，也是知识分子的出场，上海史专家唐振常指出，"1843 年，开埠以后百余年，上海飞跃发展，跨入世界先进行列"。"开埠前，上海是东南都会。""但开埠后，名震世界的城市，受到帝国主义的侵略。但西方文化、价值观念、法律准则、市政建设管理、精神和物质方面传入上海。"③ "开埠""列强攫取""帝国主义侵略""上海飞跃"及"上海城市经济起始点"等话语并置，传统意识形态话语与开放话语奇异的混杂在一起，无意中道出上海这个城市多元混杂的城市特性。

话语之二，对传统主流意识形态的颠覆，实现边界的些许突破。在《青年报》纪念上海建城七百周年"上海：城市与人"系列之一关于上海人的城市意识的媒介讨论中，学者陈小娅在论述上海人的奴化意识和小业主意识时尖锐指出："长期以来，计划体制和保障系统最完善的地方就是上海，计划末梢的无孔不入和保障的无微不至造成一代上海人的只对上负责，不思主动进取和懒汉意识。而旧上海人说'做生意要三得利'，现在养成了'奴化意识'、'小业主意识'，其原因在上面。"④ 历史学者李天纲在《新闻报》版面讨论中更是直指上海港的兴衰与官方政策有关，"上海市民锁在国门之内，便是上海和中国陷入停顿状态。近代以来，上海已和世界联为一体，它甚至可以和内地阻隔（太平天国动乱、抗战孤岛时期），但不可以和外洋有一日之隔"⑤。也就是说，近代以来的上海与

---

① 《上海：从历史走向未来——纪念上海建城 700 年》，《文汇报》1991 年 8 月 21 日第 5 版。

② ［美］丝奇雅·沙森：《全球城市：纽约、伦敦、东京》，周振华等译，上海社会科学出版社 2005 年版，第 5 页。

③ 《1991 年 8 月 19 日：纪念上海建城 700 周年学者笔谈专辑》，《新闻报》1991 年 8 月 17 日第 3 版。

④ 《纪念上海建城七百周年"上海：城市与人"系列之一：上海人的城市意识》，《青年报》1991 年 1 月 4 日第 5 版。

⑤ 《1991 年 8 月 19 日：纪念上海建城 700 周年学者笔谈专辑》，《新闻报》1991 年 8 月 17 日第 3 版。

世界各地社会之间就有相当程度的相互联结,成为广泛相互联结网路的城市节点。这些讨论立足城市向国家发言,直陈官方政策的封闭扼杀了上海城市的开放交流特性。从这里可以看出,在这类话语表达中丝毫没见到宣扬社会主义上海成就的宣传话语,与发动这次纪念报道活动的初衷("检阅社会主义伟大成就")形成了一定程度的反讽,与国家意识话语形成了一种张力。

话语之三,另类话语。同样在《青年报》的版面论述上海人的城市意识时,也是知识分子的出场,李点指出:"按经济发展的标准,三十年代确实是上海的骄傲。但上海人意识的一个病根可能要追溯到三十年代甚至整个殖民时期。""奴化意识,上海缺乏平等意识的城市。""'以衣取人'、'以话取人',这是殖民时代留下的包袱。"① 其实,就以衣取人和以话取人这一现象来说,上海人重视穿,过去流行一句谚语:"吃在广州,玩在杭州,穿在上海。"如果我们换一个视角,"大都市是供陌生人相遇的人类定居点"②,而近代以来的上海是真正意义上的一个移民城市,并且是世界性"华洋混处"③,以及中国内部的"五方杂处"④。陌生人的交流往往是通过视觉进行,按照齐美尔的说法,在陌生人组成的匿名世界,人们互相看并被看。看与被看的视觉经验,成了都市现代性的表征。如果不从道德层面的好坏上判断,就城市特性来说,上海人重视服装的时尚体现都市交流的现代性内涵。用殖民话语的意识形态在道德层面来讨论上海人的城市意识,其局限性可见一斑。不过,这类话语表达在这次讨论中所占比重很少,确实属于另类。

从这些报刊话语可以看出,在20世纪90年代初的时空语境中,报纸以纪念"上海建城700年"为由小心翼翼地突破传统主流主流意识形态的规约,借助地理学者和上海史专家的发言重新想象、生产和协商上海

① 《纪念上海建城七百周年"上海:城市与人"系列之一:上海人的城市意识》,《青年报》1991年1月4日第5版。

② [美]理查德·桑内特:《公共人的衰落》,李继宏译,上海译文出版社2008年版,第47页。

③ 熊月之:《开放与调适:上海开埠初期混杂型社会形成》,《学术月刊》2005年第7期。

④ 李天纲:《文化上海》,上海教育出版1998年版,第95页。

在世界城市网络中的节点位置,走向"世界中的上海"。同时,上海的历史文化个性也重新得以打量。

第二节 重构都市与乡村
混合体的上海特性

上海在开埠以来一百多年来的历史过程中,形成了自己独特的城市历史文化传统。正如罗岗指出:上海是"借来的时空"(a borrowed place living in borrowed time),牵涉租界与华界,"上海"与"中国",殖民现代性与自主性的民族现代化之间的复杂关系,以及在复杂关系中形成的文化传统。[①] 而这种历史文化传统并未因官方的规训和政权的交替而完全断流,在上海市民的日常行为以及上海本土的知识精英群体的历史记忆中显示强大的韧性和连续性。在这次纪念建城 700 年报道中,地方报刊主要围绕"开放"的城市特性和上海人的城市意识及文化行为特征两个维度进行了适当的讨论。

一 淡化开埠上海的殖民性,彰显城市的开放性

在这次由学者发起报刊"适当"参与的"非正式"的(官方并未直接介入和参与)城市生日庆祝活动中,围绕开埠以来的上海,报刊不约而同制造了"开放"的城市特性,而这个开放的意涵并非指官方的改革开放的政策话语,而是指上海在历史上形成的文化意义上的"开放"的城市特性:"上海作为一个国际性大都市在一个多世纪的历史中形成了鲜明的城市传统与城市个性——开放性。"[②] 相对《文汇报》和《解放日报》低调的版面处理策略,其组织专家讨论的内容放在学术文化版面,并且在时间上在进行了延缓处理,避开了"8 月 19 日"这个热点时刻。而两家新锐报纸《新闻报》和《青年报》却在重要版面进行"高调"的宣示同时并进行了策略性

---

① 罗岗:《想象城市的方式》,江苏人民出版社 2006 年版,第 91 页。
② 熊月之、周武:《海纳百川——上海城市精神纵横谈》,上海人民出版社 2003 年版,第 41 页。

的处理。《青年报》在"热点话题"栏目开辟系列讨论,主动设置议程。而《新闻报》在标题的制作上显示了记者编辑的匠心独运,在《新闻报》[①]版面上,刊载张仲礼发言,引题:被迫开埠给上海的历史蒙上屈辱,然而从另一方面说,1843 年以后,正题用大字号显示:对外开放把上海近代经济带入"黄金时代",副题:归纳起来,上海在中国经济现代化过程中起了示范、接纳、传导、融通和产销五种作用。从标题的处理来看,引题用小字号显示,有意淡化开埠的殖民上海身份,凸显开放的城市特性。在同一个版面上,在历史学者唐振常的发言中,直接引用其原话"开放则兴则生,锁闭则死则衰"作为标题的正题,醒目突出。这次纪念报道,立足城市本身,呼吁改革开放的上海要重振昔日雄风。多数知识精英肯定开埠以来的上海百余年历史,对 1949 年后封闭的上海进行贬议,报刊中是这样表述的,"1843—1949:租界时代,其中本世纪二、三十年代,外国侨民近 30 万,贸易大发展,上海成远东最大城市,成为工商业、金融以及经济中心","1949 以后,上海成了独立自主的港口城市,但由于闭关自守,走了弯路。改革开放后,逐步兴起"。学者唐振常更是直接指出:"1949 年封闭后,上海失去昔日优势,活泼生动的城市成为铁板","改革开放后,上海需重振昔日雄风"。在《青年报》的版面上,胡延照的发言:"上海当初是靠贸易起家,贸易聚集了中外的资金、人才、劳动力,在这个意义上,有了上海的发展,闯世界的勇气,开放造就一代海派意识。上海的衰落,封闭(空间概念)扼杀了它的活力。"[②]如果从空间来想象城市,按照人文地理学者段义孚的说法,空间意味着"开放"与"自由"[③],封闭作为一种空间概念隐喻的对立面,造成了上海城市活力的衰退。

二 欲说还休的"城市意识":上海人的"门槛精"与"上路"

为纪念建城 700 年,《青年报》策划了"上海:城市与人"系列,在

---

① 《1991 年 8 月 19 日:纪念上海建城 700 周年学者笔谈专辑》,《新闻报》1991 年 8 月 17 日第 3 版。

② 《纪念上海建城七百周年"上海:城市与人"系列之一:上海人的城市意识》,《青年报》1991 年 1 月 4 日第 5 版。

③ 〔英〕Tim Cresswell 主编:《地方:记忆、想象与认同》,王志弘译,台北群学出版有限公司 2006 年版,第 16 页。

系列之一编者前言中这样表述城市意识:

> 对城市文明的向往是现代人的本能,城市意识由此产生。最早觉醒城市意识的中国人,汇成了移民浪潮,于是才有了上海和上海的繁荣。城市地位的陨落必然导致城市意识的变异。①

城市意识与城市空间的开放性有关。报纸特别围绕着上海人的市民意识"门槛精"②与"上路"③展开讨论。在 20 世纪 90 年代初的语境中,区别国内其他城市,上海人的"门槛精"和"上路"成了上海人共同的行为特征。《青年报》在讨论上海人"上路"的提要中指出:"一个人如果不懂'门槛'和'上路',并在思维和行为上自觉而又娴熟地表现它们活生生的内容,就不了解普通的上海人。"虽然讨论关于"门槛精"与"上路"的内涵并没有达成共识,但都认为"门槛精"和"上路"是上海人的文化行为特征。关于"门槛精",在报纸上有代表性的说法是:"'门槛'的产生和盛行有其社会历史原因,上海人的'门槛'是在二三十年代殖民化条件下形成的市民社会中的一种高度算计的心理和行为。""'门槛'是一种使功利最大化的用世智慧。"可见,门槛精作为群体的文化行为特征只可能在都市出现。而上海经过 100 多年的历史发展成为一个现代化大都市。根据社会学家齐美尔的说法,都市的现代精神是精于算计。④ 上海人的精明和算计说明上海人是一个真正意义上都市人,与乡土中国重义轻利的传统乡村心理区别开来。但上海又是一个特殊的异数,上海是乡土中国土壤里因各种因缘际会迅速发展起来的都市,区别其他国际大都市,近代上海是乡村与都市两种文化基因共存。历史学者熊月

---

① 《纪念上海建城七百周年"上海:城市与人"系列之一》,《青年报》1991 年 1 月 4 日第 5 版。

② 《纪念上海建城七百周年"上海:城市与人"系列之四:构成文化特征的"门槛"和"门槛精"——漫谈上海人的处世态度和方式》,《青年报》1991 年 3 月 29 日第 5 版。

③ 《纪念上海建城七百周年"上海:城市与人"系列之九:"门槛"的姊妹,构成文化特征的"上路"——再谈上海人的处世态度和方式》,《青年报》1991 年 6 月 28 日第 5 版。

④ 〔德〕格奥尔格·齐美尔:《大都会与精神生活》,载汪民安、陈永国、马海良主编《城市文化读本》,北京大学出版社 2008 年版,第 134 页。

之认为:"在某种意义上,近代上海是乡村里的都市,都市里的乡村。"①
在这种都市环境里孕育的上海人行为特征除了"门槛精",还有极具特色
的"上路"。这次关于"上路"报刊讨论的主要参与者除了学者外还有上
海一些媒体的从业者,他们对市民日常生活行为最为了解。最有代表的
是当时是《报刊文摘》编辑的吴驷,他在讨论中举出了个日常事例:"一
个乡下来的小贩在卖草莓,草莓货色很好,一大帮市民围着他讨价还价,
七嘴八舌,说得很生动,要把价压下来。这是,戴袖章的市场管理员来
了。说小贩没进规定的摊位,没交管理费,不能卖,要赶他走。卖草莓
的上海人立即做出反应,条件反射的围住戴袖章的人。集体指责他,说
'侬哪能介拎不清,介不'上路'乡下人蛮作孽,有啥欺负头。"最后,
他从城乡关系的视角指出了上海人"门槛精"和"上路"的特性:"上
海人一方面曾深受西方资本主义实用理性的影响,讲究利益得失,另一
方面上海人毕竟是从乡土社会中走出的。现在上海人常讲门槛不要太精,
做事要上路。上路是对门槛的适度调节,是对实用理性的消减,它提倡
人处事要恰到好处,把握尺度。"

　　不同时段关于上海的记忆是不同的。1959 年上海解放 10 周年,官方
出版物《上海解放十年》也建构了关于上海城市的记忆:"旧上海是我国
工人阶级最集中的地方,是中国革命的摇篮","上海的工人阶级和劳动
人民在党的英明领导下,如何以历史的主人的姿态继承并发扬了工人阶
级的革命传统,把一个半封建、半殖民地的旧上海,从经济基础到上层
建筑进行一番彻底的改造。"② 在 20 世纪 50—60 年代那个特定时空中凸
显的是工人阶级和劳动人民。时空流转,而 1991 年纪念建城 700 周年的
报道活动中,报刊凸显了作为城市的主体"市民"(如讨论城市意识、市
民文化行为特征),关于市民精神的记忆"从幽暗的通道被拯救出来"③,
而"遗忘"了作为国家话语的工人和农民。

---

① 熊月之:《乡村里的都市与都市里的乡村》,《文汇报》2008 年 10 月 4 日第 6 版。

② 姚延人、周良才、杨秉岩:《欢呼〈上海解放十年〉的出版》,《上海文学》1960 年第 4
期。

③ [美] Harvey D. , *Justice*, *Nature and the Geography of Difference*, Cambridge, MA:Black-well Publishers, 1996, p. 306.

三 图像中的多元、碎片化城市

有学者指出,图像有文字里没有的东西。根据研究社会记忆的著名学者扬·阿斯曼的观点,"互动、文字记载、图片和空间是社会记忆的四大媒介"[①]。这次报纸制造城市记忆活动中部分地利用了图像,主要是《解放日报》自制画刊专版和《新闻报》的摄影珍辑专版,两家报纸通过图片的可视化制造了过去上海不同的记忆。图片如下:

图一 700 年沧桑今与昔画刊(《解放日报》,1991 年 8 月 17)

承担宣传角色的党报不乏创意地通过 3 幅小图片(镶嵌在 7 字图形中)制造出一抹屈辱和充满罪恶的"记忆之城",用 9 幅大图片并置凸显今天社会主义上海现代化大都市的光鲜形象。并且在图片导读中把昔日上海定位为"畸形城市",最后在总结语中编辑略带有情感

---

① [德]哈拉尔德·韦尔策:《社会记忆:历史、回忆、传承》,季斌、王立君、白锡堃译,北京大学出版社 2006 年版,第 6 页。

图二　纪念上海建城 700 周年历史珍影专辑
（《新闻报》1991 年 8 月 3 日）

的抒发："上海的今天是可爱的，上海的明天将更美好。"直接从情感上斩断了 100 年上海的记忆之根。而定位在经济类地方综合性报纸的《新闻报》有些大胆的"越位"，主要从近代民族经济的视角通过图二在报刊上建构了过去上海的荣光（如"创造的多个第一"）与些许的不堪（如"红头阿三的监视"）的混合。"由于近代上海是世界性与地方性并存，一头连着东西洋各国，一头连着中国各地。"① 上海成了全球都市网络和乡村"地缘网络"② 交汇的中心。《新闻报》在历史珍影专辑中通过挑鹅上街的贩夫与高楼大厦的对比凸显了都市—乡村混合体特有的近代上海都市特性。

　　值得指出的是，城市记忆的可视化并不只是在这两家报刊的专版呈

---

① 熊月之：《乡村里的都市与都市里的乡村》，《文汇报》2008 年 10 月 4 日第 6 版。
② ［美］顾得曼：《家乡、城市和国家——上海的地缘网络与认同》，宋钻友译，上海古籍出版社 2004 年版。

现。在 1991 年，在实体空间上海图书馆，为配合建城 700 年，进行了一场有着 1200 多幅历史照片的展览。记者在报道这一盛况时指出："当上海长得越来越高时，寻根也开始了。"① 贴近市民生活的《新民晚报》联合上海影视公司拍摄了电视艺术纪实片《阿拉:上海百年风情录》。②

集体记忆具有选择性和当下性，跟宏大的社会结构、主流社会思潮包括官方意识形态是有关联的。关于上海城市的集体记忆在 100 多年的历史长河中有一个流变过程。研究上海的著名学者熊月之颇有见地指出："20 世纪 50 年代民族主义高涨时，人们强调老上海为帝国主义侵略中国的桥头堡特点;60 年代大讲"阶级"斗争时，人们强调其黑色'大染缸'特点;80 年代以后，又较多强调其'东方巴黎'特点。"③ 而上海记忆的吊诡之处在于:"一方面，上海可以忘却自身的半殖民过去，就像 1949 年以前的历史并不存在一样;另一方面，上海可以勇敢地面对颇具争议的历史，以主动记忆的方式重新建构被删除的身份。"④

第三节 打捞隐没的现代
都市空间:时空之维

都市的现代性与时间和空间有关。在这次报道中，上海两家行业报纸《新闻报》《上海文化艺术报》分别设置了"外滩变迁录"、"上海寻梦录"栏目以一种"知识考古的方式"初步重构了上海的现代都市空间。

历史和记忆是既相关又相互区别的两个概念。本雅明区分了两者的不同，历史是相对性时间观念，记忆是关系性时间概念。在纪念建城 700 年报道中，地方报纸通过生产城市的记忆抵抗同质而空洞的现代性时间（本雅明语）。"今与昔"成为此次报道的框架。"开埠"，"近代上海"成

---

① 《1200 幅照片———一个城市的展览》，《上海文化艺术报》1991 年 7 月 19 日第 1 版。

② 《镜头对准上海百年来风土人情，一部大型系列电视艺术纪实片投拍》，《新民晚报》1991 年 1 月 17 日第 2 版。

③ 熊月之:《乡村里的都市与都市里的乡村》，《文汇报》2008 年 10 月 4 日第 6 版。

④ 孙绍谊:《想象的城市:文学、电影和视觉上海（1927—1937）》，复旦大学出版社 2009 年版，第 203 页。

为此次纪念报道的热词,与解放初期公开出版物中关于上海城市历史叙事的框架"新与旧"形成了鲜明的差异。"新与旧"凸显历史的断裂,"今与昔"突出历史的延续。在报纸关于上海城市的话语中,"90年代"与"近代"及"过去"神奇的相遇并发生关系,历史仿佛从未走远,昔与今就这样并置在城市叙事中。《新闻报》在1991年1月5日头版刊发了对建城纪念活动发起者周振鹤博士的访谈,特别突出了时间的议题。标题用大字提醒:1991:上海建城700周年,8.19:上海城市诞生日。并特别指出:"庆祝并非发思古之幽情,而是面向未来面向世界。"①

20世纪90年代,近代上海历史的叙述在全球化的城市话语结构中发生了转变:城市叙述从近代的强调时间转型到当代的强调空间。② 关于空间的议题在此次报道中有所涉及但不充分。更多的空间议题要在十年后即2003年关于上海开埠160周年报道活动中得到更多的表达和意义阐释。从笔者掌握的资料来看,上海两家行业报纸《新闻报》和《上海文化艺术报》较为集中地触及了空间议题。这是中华人民共和国成立以来大众报纸第一次较为集中地打捞出曾经隐没在时代风云角落里的都市空间,其意义非凡。《新闻报》为纪念建城700年设置了"外滩变迁录"专栏系列。在这个专栏系列首页版,有一段编者的话:

> 外滩鳞次栉比的西方建筑勾画出一个近代大城市的发展轨迹,可以说外滩是一部上海的历史,是中国奋进的历史。……展读这部历史,多少辛酸多少欢笑如黄浦江水缓缓流过又重回,抚今追昔,这一座座静止的建筑物并不如外表那么硬冷,它深藏的热力将势不可挡的喷发出来。我们深切的期待作为东方大都市上海的窗口——外滩以崭新的面貌出现在世人面前。③

---

① 《复旦大学周振鹤博士一席谈》,《新闻报》1991年1月5日第1版。

② 叶文心:《上海繁华:都会经济伦理与近代中国》,王琴、刘润堂译,台北时报文化出版公司2010年版,第303页。

③ 静柔、孙怡:《外滩变迁录(一):市府大楼与汇丰银行》,《新闻报》1991年9月7日第2版。

　　这里,"深藏的热力"究竟是何物呢? 后面系列的展开由两位记者重访外滩建筑空间:市府大楼与汇丰银行、东风饭店、上海夜总会、怡和银行等。通过时空交织的方式叙述了最具文化意义象征的现代城市的公共空间的历史变迁。公开宣称开埠后形成的外滩是"东方大都市的窗口",海关大楼是"上海开埠的见证"等。后来的历史证明了编者高超的预见。在"浦东"开发前,浦西就是上海,浦东人当时是上海的乡下人,在 20 世纪 80 年代,说"到上海去",就是到浦西。1990 年代,浦东大开发,再造一个新上海,离不开老上海的城市文化精神。对于外滩这个都市空间的媒介再现,形成鲜明对比的是,在 1949 以后的一段时间里,在民族主义和阶级革命话语高涨的时代,外滩,海关大楼,总会俱乐部,汇丰银行大楼等成了空间批判的焦点。外滩是冒险家的"滩头阵地"①;海关,在中华人民共和国成立前近 100 年间,"一直是各国帝国主义侵略中国的重要工具"②;上海总会是"外国冒险家酗酒淫乐的地方"③。这样,外滩作为都市空间的意义遮蔽于无形。而在 20 世纪 90 年代初上海腾飞的初始阶段,立足都市,外滩在地方报刊上重新赋予了新的交流意涵:"作为东方大都市的窗口,以新的面目出现在世人面前。"在地理学者约翰·艾伦看来,城市的"建筑物格外能够承载过去的互动,以及带着不同文化和记忆的人群,如何在同一座城市里相遇的痕迹"④。从传播的视角来看,外滩"深藏的热力"可以生发出新的想象:"外滩的都市空间,既是东西文化交流的一个结果,本身作为一个媒介,构筑了人与人、人与社会的新型关系。"因为上海的繁荣"来自海事时代激发的全球性交流,交流一旦展开,它散发出的社会能量超过任何人的控制。上海的生命力在于各个层面的传播"⑤。

　　属于文化艺术类的行业报纸《上海文化艺术报》是以"上海寻梦录"

①　诚士:《外滩——帝国主义侵略罪行的见证》,《人民日报》1965 年 3 月 12 日第 5 版。
②　同上。
③　薇明:《外滩绿地的旧恨》,《新民晚报》1966 年 4 月 9 日第 3 版。
④　[美]约翰·艾伦:《城市里的世界》,载 [美]朵琳·玛西、约翰·艾伦、[美]史提夫·派尔《城市世界》,王志弘译,台北群学出版有限公司 2009 年版,第 77 页。
⑤　孙玮:《作为媒介的外滩:上海现代性的发生与成长》,《新闻大学》2011 年第 4 期。

为题来纪念建城 700 年,设置了专栏系列。以记者寻找历史文脉空间的形式呈现,主要涉及寺庙、近代上海的文化名人故居,近代都市文化表征的剧院、游乐场、舞厅等(如美琪大剧院、百乐门),也包括对上海城市特性形成具有非常重要历史意义的小刀会起义的故址等。这些带有历史记忆的公共空间在虚拟空间的生产成为 1990 年代初上海重新出发的基点和想象未来的出发点。记忆并非只是怀旧,回到过去,同时,也是指向未来:让城市起源与新开端保持适度的张力,这是城市文化学者雪伦·朱津所称的"城市纯正性"。即"城市生活需要保存旧街道、建筑物,以及看起来老旧的街区,因为它们维系了人群交织起来的社会用途与文化意义的细致纹理,营造出共同根源的物质性虚构,城市的未来仰仗这种纯正性"①。在这个意义上,报纸初步重构了上海人集体记忆的地方空间,而留住记忆的空间才是哈维所说的"希望的空间"。

小 结

在民族主义高涨的 20 世纪 50—60 年代,"上海被视作民族耻辱和殖民剥削的象征",② 官方对都市空间和市民意识进行了意识形态的遮蔽和改造,也切断了上海与外部世界的联结。20 世纪 80 年代,上海并未真正开放,而是成了全国改革开放布局中的"后卫",掉落在中国和世界城市网络之外,造成了"大上海的沉没"。

在 20 世纪 90 年代初上海重启全球化初始的阶段,由于受限当时媒介发展以及主流意识形态的规约,绕过了 1993 年开埠 150 周年纪念日,而是以"纪念建城 700 年"为由,上海地方报纸通过知识精英的发言利用大众传播的力量以大众听得懂的方式邀请群众参与历史的现场构筑成社会交往,"适当"的想象、生产和协商上海在世界城市网络中的节点位置。在这个意义上,这次纪念建城 700 年的媒介报道可以看作是地方媒介

---

① [美]雪伦·朱津(Sharon Zukin):《裸城:纯正都市地方的生与死》,王志弘、王玥民、徐苔玲译,台北群学出版有限公司 2012 年版,第 263 页。

② [美]史书美:《现代的诱惑:书写半殖民地中国的现代主义(1917—1937)》,何恬译,江苏人民出版社 2007 年版,第 264 页。

在城市的热点时刻积极制造雅各布斯所谓的"地方性事件"①,寄希望地方的重构来回应更广泛关系的重塑,作为"城市"的上海经由大众媒介的传播初步浮现。

　　集体记忆成为想象地方共同体的资源,报纸通过联结一群人与过往的记忆建构创造认同的场址。1990年代初期在上海转型的时刻,上海人开始摆脱单一民族主义意识框架赋予的尴尬身份,城市的主体意识在萌芽和复苏。

---

① ［美］朵琳·玛西:《世界中的城市》,载［美］朵琳·玛西、［美］约翰·艾伦、［美］史提夫·派尔主编《城市的世界》,王志弘译,台北群学出版有限公司2009年版,第115页。

第 四 章

都市共同体主体意识的
苏醒:制造"上海人"

城市已形成自身特有的城市心理，与乡村心理截然不同。城里人思维方式是因果论的，理性方式的；而农村人的思维方式则是自然主义的，幻想式的。

——路易斯·沃思

20世纪90年代初上海处于再次腾飞的初始阶段，随着上海城市的发展和开放，城市的主体意识逐渐复苏。上海地方报刊相应地设置了一些涉及上海城市历史、文化、上海话等地方特色的栏目。《解放日报》设置了一些怀旧性质的专栏并对一些具有地方特色的海派小说进行了连载，《文汇报》设置了"城市年轮专栏"，代表了市民文化价值的《新民晚报》其副刊"夜光杯"在20世纪90年代普通市民中极具影响力。上海史学者李天纲指出："'夜光杯'是私人化的一群人，在同年龄段，有共同的喜好，构成了一种带有社群主义色彩的共同体。"[①] 除此之外，1990年代初期几乎裹挟上海本地所有大众媒介对"上海人"的制造，成为全国一个独特的媒介现象。随着"上海意识"逐渐复苏，上海本地大众媒介开始以不同方式为上海人"平反"。"大上海"产生"小市民"的原

---

① 陈韬文、许纪霖、陈映芳、王军、李天纲、陆晔：《传播媒介与都市空间生产》，载孙玮主编《中国传播学评论（第四辑）：传播媒介与社会空间特辑》，复旦大学出版社2009年版，第23页。

因，呈现在报纸上的内容被归结到社会主义初期计划经济体制和城市自身建设的落后。

其实，作为城市共同体的主体"上海人"的市民意识与近代上海城市性有关。近代上海是一个以货币为中介的高度商业化空间，市民精明的行为方式是都市商业精神和都市现代性的体现。但正是上海人的精明，因社会主义计划时代对市场经济的禁锢以及都市现代性的隐退带来了1980年代地方媒介中外地人对上海人"精明不高明"的诘难，这一现象直到1990年代上海实现再次腾飞而有所改观。"为精明正名"成了20世纪90年代上海地方媒介的公共性议题。

第一节　近代商业大都会与
上海人的"精明"

按照汉纳尔兹的说法，现代城市作为一种新的都市主义，是建立在商业文明的基础上。[①] 德国社会学家马克斯·韦伯洞察到商业在现代城市中的作用，提出了建立经济制度的城市的"理想类型"：城市市民共同体必须具有较强的工商业性格，在市场之外要有一个防御措施……至少部分的自己的法律……至少部分的自律性和自主性，以及反映都市生活的社群性格。[②] 正是日益发展起来的工商业使城市具有了越来越多的自主性和独立性，成了一种现代性的力量。这样，大都市的发展给人们带来了一种现代性的体验，20世纪初的社会学先驱齐美尔敏锐地捕捉到了这点，他通过对柏林长时间的考察，建构了其城市理论的王国，尤其引起很大反响的是他提出了著名的"大都会精神"：理性操控，都市人用头脑代替心灵做出反应；厌世态度；非个人化、冷漠的人情以及货币为中介的人

---

① 汉纳尔兹：《城市》，载［英］亚当·库柏、杰西亚·库柏主编《社会科学百科全书》，上海译文出版社1989年版，第98页。

② ［德］马克斯·韦伯：《非正当性的支配——城市的类型学》，康乐、简惠美译，广西师范大学出版社2005年版，第23页。

际关系。① 都市造就了一种新人类——都市人，而都市人与乡村人是截然不同的。在沃思看来，"城市已形成自身特有的城市心理，与乡村心理截然不同。城里人思维方式是因果论的，理性方式的；而农村人的思维方式则是自然主义的，幻想式的。"② 上海自开埠通商到 20 世纪 20、30 年代发展为"东亚第一大都市"，这是一个高度开放、充分商业化的都市空间。据统计，到抗日战争前，除东三省外，外国资本的对华进出口贸易和商业的 81.2% 集中在上海，银行业投资的 79.2%、工业投资的 67.1%、房地产的 76.8% 也均集中在上海。③ 中华人民共和国成立前夕，上海已同世界上近 100 个国家和地区、300 多个港口有着贸易往来和经济联系。很长时间以来，上海直接对外贸易额占全国对外贸易总额的一半以上，如 1933 年占 53.37%，1936 年占 55.56%。同时，上海也是国内商业贸易的中心，1936 年上海对全国各地通商口岸的贸易总额近 9 亿元，占全国的 75.2%，1944 年这种比重更上升到占 88%。上海也是全国的金融中心，不但外资银行主要设在上海，华资金融业在上海也占有很高的比例。1936 年上海有华资银行 58 家，占全国总数的 35%。④ 近代上海，商业始终是最核心、最有人气的行业。据邹依仁的统计，20 世纪 30—40 年代市中心的黄浦区与老闸区，从商人数已接近 50%。⑤ 商业精神成为当时上海社会主导价值观，规约着社会生活的内在逻辑与市民的言行方式。由此，"近代以来，上海人一直是中国一个特殊的社会群落，其特有的生活秩序、内心规范、价值观念与行为方式烘托出独特的社会人格"⑥。也如学者孙少谊所言，"在租界这一控制松散的都市空间，虽然混乱，但充

---

① ［德］格奥尔格·齐美尔:《大都会与精神生活》，载汪民安、陈永国、马海良主编《城市文化读本》，北京大学出版社 2008 年版，第 132—141 页。

② ［美］路易斯·沃思:《城市社区研究书目提要》，载［美］R. E. 帕克、［美］E. N. 伯吉斯、［美］R. D. 麦肯齐《城市社会学——芝加哥学派城市研究》，宋俊岭、郑也夫译，商务印书馆 2012 年版，第 245 页。

③ 李维清:《上海乡土志》，著易堂印书局 1927 年版，第 4—5 页。

④ 上海市人民政府参事室文史资料工作委员会编:《上海地方史资料》（第 3 册），上海社会科学院出版社 1986 年版，第 1 页。

⑤ 邹依仁:《旧上海人口变迁的研究》，上海人民出版社 1980 年版，第 35 页。

⑥ 忻平:《从上海发现历史——现代化进程中的上海人及其社会生活（1927—1937）》，上海大学出版社 2009 年版，第 190 页。

满了活力和能量，文化上多元，政治上完全宽容的世界，市民和都市社群精神在悄然形成"①。作为文化意义上的上海人有其共同的特质，据上海史学者熊月之的提炼概括："一是语言，即会说上海话；二是行为方式；三是审美情趣。"而上海人的行为方式有五点："处事精明，讲实惠，重视规范，崇洋但不媚外，行动敏捷。"而其中"处事精明"是核心。而这些特质的形成是"他们长期生活于高度商业化、现代化、法制化、移民化大都市的结果，是中西文化、传统与现代文化交流融合的结果"②。其实，精明就是齐美尔意义上的精于算计的大都会精神以及现代市民意识的体现。

第二节　城市的蜕变与上海人
的"精明不高明"

中华人民共和国成立后，由于多种综合性的因素，一个高度开放和充分市场化的商业都会变成了一个相对封闭高度计划的工业城市，尤其是 1958 年城市户籍制度的实行，迁出容易迁入难，上海人口趋于固定化，户口制度以行政手段凝固并加大了城乡差别。在计划经济时代，上海对全国做出了巨大的贡献，以全国 1/1500 的土地，1/100 的人口，提供了 1/10 的工业产值，1/6 的财政收入，而地方财政支出仅占全国的 1/60。③上海用于自身城市改造建设则捉襟见肘，出现了住房难、交通拥挤和环境污染等城市病，在 20 世纪 80 年代达至极点。1980 年代初《解放日报》借沈俊坡《上海的十个第一和五个倒数第一》一文呼应了这个议题，作了最好的注脚。

20 世纪 80 年代伴随着上海城市地位在全国衰落，外地人对上海人的评价出现了变化。《解放日报》在 1981 年设置了一个专栏《上海人在外地》，编发外地读者来信，从媒体呈现的上海人来看，此阶段多呈现对上

---

① 孙绍谊：《想象的城市——文学、电影和视觉上海（1927—1937）》，复旦大学出版社 2009 年版，第 203 页。

② 熊月之：《上海人一百年》，《档案与史学》2000 年第 2 期。

③ 熊月之：《开埠通商与上海人特性的形成》，《东方早报》2013 年 11 月 19 日第 8—9 版。

海人素质褒扬的话语。但在 1980 年代中期媒体上开始出现上海人的负面形象:一方面是突出上海人的优越感;另一方面凸显上海人看不起外地人。《新民晚报》刊载在副刊上的一篇民情类的文章《上海人》很具有代表性:

> 车过兰州西去,大地的绿色很快逝去,只见到一大片一大片的砾石戈壁滩。而就在车窗外偶尔掠过的小村镇的黄土墙上,不时可见到用黑笔画着一个箭头,写着"上海裁缝在此"的字样。我们上海人真"了不起",竟然在这茫茫大漠深处享有盛名⋯⋯他朝我们上下打量,仿佛想探寻上海人究竟是何等样人⋯⋯一群小学生不无骄傲地告诉我们:他们学校里也有个来自上海的教师。当我们站在街头时,很快就会在不远处聚起几个年轻人,朝我们点点戳戳:上海人,上海人。其实我们的装束在上海来说,只能算极其普通的⋯⋯他们凭着传闻中听来的、报刊上看来的零碎印象,好奇地想象着遥远海边上海这个都市该是什么样子,上海人又该如何生活,如何思想⋯⋯更尴尬的还在上海本土上。我们满心欢喜踏上家乡的土地,电车上碰上了一位妇女,那女士便摆出十足的上海人威势,骂了一句:"阿乡!外地人!"我明知这罪名可笑,却还不由得争辩了一句:"阿拉是上海人。"女士不信地看着我们风尘仆仆的衣装,还是一声居高临下的断喝:"外地人。"①

上海人的"看不起外地人"和"排外",一方面是上海人因都市优越感形成城市共同体主体意识的表现,另一方面作为一种身份指认,因计划经济的束缚催生的上海意识与中国其他地方人形成区隔,一定程度构成了沟通的障碍。后来在 1986 年 9 月 13 日《新民晚报》头版的社论性文章《上海人的自豪感》道出了上海人上海意识凸显的缘由:

> 上海人说到上海,常常是很自豪的⋯⋯上海对国家的贡献是最

---

① 肖小兰:《上海人》,《新民晚报》1984 年 11 月 5 日第 5 版。

大的;上海的技术是先进的;上海的产品是一流的;上海人的很多创造在全国都是有影响的……但是,我们对待外地同志的态度始终没有从根本上解决……上海无论从历史上看,还是从国家和全国人民寄予的厚望来看,都应该保持第一流的水平……①

另外,报刊上开始批评起上海人的精明:

上海人的特点是门槛精,这一点在外是"臭名昭著"的。由于历史和环境的原因,多数上海人都有一套凡事精打细算,随机应变的功夫。然而在外地人看来,上海人未免太会打算盘,太小家子气了,加上外地人与上海人做交易,十有八九捡不到什么便宜,有时候弄不好还要吃大亏了,这一点实在叫人痛恨。难怪江、浙、皖的很多地方,在小孩子的心目中就已经种下了"莫与上海人打交道"的种子了。②

也有读者说出了上海人精明的由褒入贬之义:

上海人属中国人最精明之列,似不必多方引证,能出中国现代首屈一指工商界巨子的刘鸿生、荣德生者,大概是可称精明的了。精明的上海人原本是褒语。不料今朝,上海人的精明成了一句贬语……时下,上海人的精明精得不是地方,上海人的精明在于不肯吃亏,小菜场里买菜,为了秤杆翘得高一点;公共汽车上,为了你碰到了我一下,邻居之间多占巴掌大的地方,总之为鸡毛蒜皮、芝麻绿豆大的事情可以争吵几个小时,乃至经年累月。③

并且,关于上海人"精明不高明"的说法堂而皇之地摆上市领导的

① 石炎:《上海人的自豪感》,《新民晚报》1986 年 9 月 13 日第 1 版。

② 余平:《上海人在外地为何不受喜欢》,《解放日报》(周末增刊第 136 期)1987 年 8 月 8 日第 1 版。

③ 林兰:《上海人之精明》,《解放日报》(中华杯征文),1988 年 4 月 28 日第 7 版。

议事桌，时任市长朱镕基在答记者问时谈到上海人素质时说道："上海人民自己身上也有一些弱点。我不要说了，大家都知道，一句话就是有时候'太精明，不够高明'。"① 这不只是一个简单的媒体信息刊载行为，1980 年代《新民晚报》是一份受众覆盖从精英到市民阶层日发行量超百万份的报纸（据统计，1988 年《新民晚报》日发行量达至 148.4 万份），其读者对象广泛，并且在头版头条刊出，其影响很大，上海人的"精明不高明"成为地方官民热议的公共话题。1989 年，上海的文化名人余秋雨的《上海人》浓缩版在《新民晚报》专版刊出，也提到了上海人"精明"的尴尬："一个尴尬的群落：全国有点离不开上海人，又都讨厌着上海人。上海人对国家的贡献实在不少，但是，几乎走到哪儿都能听到对上海人的讥评：精明、吝啬、会盘算、琐碎、浮滑、骄傲、冷漠、不厚道、赶时髦。"在提到上海人共同心理品性时谈及精明："很多情况下，精明成了上海人的累赘。没有让他们去钻研微积分，没有让他们置身商业竞争的第一线，他们只能在芝麻小事上来消耗自己的口舌和才干，电车上的无聊争辩，邻里间的水电费之争，上海大概是全国之最。"还特别指出："上海人的眼界远远超过闯劲，适应力远远超过开创力。有大家风度，却没有大将风范。没有敢为天下先的勇气，没有统筹全局的强悍，上海人的精明也就与怯弱相伴随。"② 值得说明的是，余秋雨先生的《上海人》最先在边缘刊物《文学报》连载，后进入主流的市民大报《新民晚报》，加上作者自身的名气，更加扩大了上海人"精明不高明"说法的影响。由此，"上海人"也逐步成为媒体、市民热议的"共同话题"。如 1989 年 8 月 5 日，《文汇报》刊载了《上海人与上海滩》丛书出版的消息，突出"展现上海旧貌，了解海派历史"③ 的主题。1989 年 8 月 6 日，《文汇报》报道了《阿拉 100 个上海人》④，地方报刊以"上海人"为话

---

①　蒋丽萍、潘新华、夏永烈：《"新市长"谈新上海人——朱镕基昨日笑答本报记者问》，《新民晚报》1988 年 5 月 1 日第 1 版。

②　余秋雨：《上海人》，《新民晚报》1989 年 4 月 2 日第 8 版。

③　郑祖安：《上海史资料的宝库——介绍〈上海滩与上海人丛书〉》，《文汇报》1989 年 8 月 5 日第 4 版。

④　《〈阿拉 100 个上海人〉征文收到稿件近万篇》，《文汇报》1989 年 8 月 6 日第 2 版。

题编织"共同体"。

如何看待 20 世纪 80 年代媒体传播的上海人的"精明不高明"的现象呢？其实，上海人特性的蜕变与官方政策及城市转型有关。1958 年上海户口政策的施行附加了城市户口很高的价值，加上优质、精致、洋气的上海产品，催生了上海人的城市优越感。但由于过于强化上海人奉献全国的大局意识，上海市民自身过日子不得不精打细算。历史学者熊月之很有见地地道出了 20 世纪 80 年代上海人精明小气的缘由："以移民人口主体的上海人，与内地、乡村联系本来密切，在内地、乡下的亲友相对多些，来客相对频繁。与此不相适应的是，上海人待客条件极差。客多容易生怨，频繁容易冷淡。于是，在一部分内地人眼里，上海人既精明，又小气，还傲气。"① 其实，精明是现代城市社会的基本要素，外商认为，和精明的对手合作是有好处："与上海人谈判成功固然比较困难，但与上海签订的合同规范，细节考虑周到，执行中少有麻烦，因而成功率较高。统计显示，上海的外资企业成功率最高，达 98%，居全国之首。1980 年代末，连续 3 年的全国'十佳合资'企业评选，上海均占半数。"②

上海的报刊不同时期设置了关于"上海人"的地方性公共议题。20世纪 90 年代，随着浦东的开放与开发，上海从改革开放的"后卫"③ 重回开放的"龙头"④。在 1990 年代初，《解放日报》设置了"海外人士谈上海"的专栏，关于上海人精明的报刊话语逐渐出现了些变化，如谈到上海人精明与投资软环境时，提及：

> "上海人门槛精"，一般地说，外商是愿意与精明、能干的企业干部打交道的。不过，由于体制上的原因，有些关系未理顺，企业的自主权程度未明确，很多应属于企业内部的事，往往要逐级向上

---

① 熊月之：《开埠通商与上海人特性的形成》，《东方早报》2013 年 11 月 19 日第 8 版。

② 《上海人精明与投资软环境——谈上海浦东开发》，《解放日报》1990 年 6 月 15 日第 2 版。

③ 熊月之主编：《上海通史（第 14 卷）：当代文化》，上海人民出版社 1999 年版，第 4 页。

④ ［法］白吉尔：《上海史：走向现代之路》，王菊、赵念国译，上海社会科学院出版社 2005 年版，第 433 页。

请示才能作出决定，以致上海一些企业干部给人以谨小慎微、不敢负责的印象。对此，随着浦东的开放与开发，开放意识的增强，"精明上海人"的负面因素将会得到克服。①

这里可以看出，同样关于上海人"精明"的议题，外商和外地人（上海之外的本国人）在报纸上的言论出现了不一致的声音。颇有意味的是，在大众媒介轰谈上海人"精明不高明"的时候，90年代发行量多达几百万份的隶属《解放日报》的《报刊文摘》转发了一条上海人口素质全国第一的报道：

> 据《中国统计信息报》报道，中国社科院一项调查表明，上海人人口素质全国第一。人口素质全国平均得分九点九分，上海最高为十七点一分，京、津次之，为十六点八分和十五点三分，辽、吉、陕、苏、黑、浙都在十分以上。②

这篇报道并非空穴来风，关于上海人的素质得到了改革开放总设计师邓小平的夸赞："上海的工作做得很好，上海有特殊的素质，特殊的品格，上海完全有条件上得快一点。"③ 其实，上海人口素质和上海特殊的素质是近代上海以来长期都市训练的结果。

第三节　再造重商主义的市民
意识：为"精明"正名

如果说20世纪80年代"上海人"议题的报刊讨论只是一个"预热"，起了一个热身作用，并且其议题集中在批评上海人的"精明不高明"。那

---

① 《"上海人精明"与投资"软环境"——谈上海浦东开发》，《解放日报》（专栏"海外人士谈上海"）1990年6月15日第2版。

② 《上海人口素质全国第一》，《报刊文摘》1991年12月31日第1版。

③ 《邓小平与上海人民共迎新春　称赞上海的工作实在做得好》，《解放日报》1994年2月10日第1版。

么，在20世纪90年代出现了关于重塑上海人精神的媒介话语运动，地方报纸、广播、电视、摄影等大众媒介通过文字、图像、漫画等形式积极地介入了关于这个地方性的公共议题，成为全国一个独特的媒介现象。在媒体上发声的主体有从事上海城市研究的专家、学者、文学家等知识精英，也有企业、外商等工商精英群体，还有各个行业的普通市民大众。20世纪90年代以浦东开放为历史契机，上海进入了"重振"的转型期，在这样的历史情境中，大众媒介进行了城市共同体精神文化层面的"上海再造"，而"'上海再造'的吊诡在于，面对未来的重建，却是以对城市历史的追根溯源为根基的"①。那么，上海人的根在何处，源在哪里呢？关于"上海人"概念的界定有两个，据对"上海人"颇有研究的复旦大学学者顾晓鸣指出："一个是作为地域居民的上海人，另一个是作为文化形态的上海人，我们现在要研究的是后一种上海人，这些人其实是从全国各地跑来的。"② 如果说20世纪80年代报刊讨论的上海人是一个地域概念的人群，表现出夜郎式的自大，那么20世纪90年代报刊讨论的"上海人"却回溯到一个历史文化意义上的移民族群概念。在这样的理念观照下，"上海人"呈现出别样的面貌和另外解读的可能性，对上海人精明的评价出现了颠覆性的变化。

　　1991年12月17日到1992年12月31日，由《解放日报》最先发起，后由5报2台参与，发动了一场"九十年代上海人"媒介大讨论。笔者对此次讨论的媒介作为统计如下：

大众媒介	时间跨度	主要参与者	报道频次	核心议题
解放日报	1991.12.17—1992.12.31	地方精英（知识群体、企业精英、外商）；地方官员；大众（工人、金融职工、出租车司机、大学生）	28场专题讨论会（包括三次专家学者座谈会以及两次外商座谈会）	上海人的观念、精明与高明、海派风格、敢为天下先、冒险意识

① 孙玮：《"上海再造"：传播视野中的中国城市研究》，《杭州师范大学学报》2013年第2期。
② 顾晓鸣：《阿拉不是上海人，阿拉又是上海人》，《解放日报》1991年12月30日第1版。

续表

大众媒介	时间跨度	主要参与者	报道频次	核心议题
文汇报	1992.8.29—1992.10.25	地方知识精英(5)及媒体人士(1)、官员(1)、外地读者(2)	征文(9篇)	当好开放的"龙头"、上海人的性格特征、为精明正名
新民晚报	1992.8.5—1992.12.31	企业精英	征文(4篇)消息(2篇)	上海人形象
青年报	1992.9.11—1992.10.27	专家学者	征文(8篇)	上海人的性格特征;要精明,要实惠
上海广播电视台	1992	机关干部、青年学生、商人、妇女等	18集	敢为天下先,敢于冒险;"中华牌,世界牌"
社会科学报	1992.1.16—1992.12.31	学者	专栏(21篇)	"上海人"

这场讨论的由头是《解放日报》在 1991 年 12 月 11 日头版头条刊发魏澜的"读者来信",摘录如下:

> 我是一个常年出差在外的上海人,经常有人问我:"上海人怎么啦?"过去,上海在许多方面处于全国领先地位;上海的技术是一流的,上海的产品是一等的,上海对全国的贡献也是首屈一指的。做一个上海人很光荣,很骄傲;甚至会说上海话也是时髦,吃香的。可是,改革开放十多年来,兄弟省份的发展也很快,上海在一些方面的优势,或者面临挑战,或者正在消失。难怪人们要问:曾经视为"老大哥"的上海人,如今怎么办?……九十年代是开发浦东、振兴上海的关键十年。为此,我有一个建议,能不能在贵报开展一场题为"九十年代上海人"的讨论?①

---

① 《本报读者魏澜来信建议:开展九十年代上海人的讨论》,《解放日报》1991 年 12 月 11 日第 1 版。

同时，报纸特地加了一个编者按：

> 魏澜读者的来信写得好，建议广大读者读一读。他在信中建议开展一场关于"九十年代上海人"的讨论，很有意义。李鹏总理最近称赞南浦大桥体现了上海水平、上海风格、上海效率、上海精神。这是对南浦大桥建设者的赞扬，也是对上海人民和上海今后的各项工作提出了更高的要求。上海是我国最大的经济城市。九十年代是祖国振兴的关键十年，同样也是开发浦东、振兴上海的关键十年。九十年上海的振兴、发展，归根结底要靠全体上海人民的团结奋斗。九十年代上海人该具备什么样的风貌与精神，确立什么样的作风，上海人该树立何种形象等等，确实是每一个上海人都应认真思考的大问题。因此，我们决定接受魏澜读者的来信，在本报开展"九十年代上海人"的讨论，欢迎广大读者畅所欲言，各抒己见，踊跃来稿。①

从读者来信和报纸设置的编者按来看，地方党报有着官方宣传话语的诉求，但也有回应 20 世纪 80 年代上海人形象滑坡的关切和"再造"上海市民精神的动机。在这场媒介大讨论中，出现了为"精明"正名的媒介话语，代表性的说法有：

> 都说上海人太精明，我看应该"平反"，为"精明"正名。精明有什么不好？凡事思前顾后，精打细算，这说明做事认真，肯动脑筋。说上海人不肯吃亏，不该吃的亏为什么偏要吃？其实上海人吃"亏"最大，身为"老大"，创造的财富最多，对国家的贡献也最多。……上海人不算计别人的钱财，个性，脸谱有何统一？……上海人不要怕给人讲"精明"，只要不损人利己，精明本是好事。②

---

① 《本报读者魏澜来信建议：开展九十年代上海人的讨论》，《解放日报》1991 年 12 月 11 日第 1 版。

② 赵鸿祥：《为"精明"正名》，《解放日报》1991 年 12 月 16 日第 1 版。

也有学者从历史的角度对上海人的精明做出评价：

> 从历史上看，上海可以说是一个"移民城市"，上海人文杂交的
> 主导方面练就了一批强者。……建国后一段时期的"闭关"以及长
> 期以来严格的"报户口"措施，造成了上海人的"孤芳自赏"、"夜
> 郎自大"，"精明不高明"等并非上海人特征的东西。[①]

有的学者从历史和现实相结合的角度对上海人的性格特征作了辩证
的分析：

> 上海人的本质特点可以概括为"三开"，一曰开放。从历史沿革
> 看，没有口岸开放就没有上海后来的发展，上海人由各地人尤其江
> 浙一带的人所组成，没有地域的开放，就没有现在的上海人。二曰
> 开创。上海人善于思考问题，会动脑筋，历史上的上海人就富有冒
> 险精神。三曰开明。比较容易接受新事物，有很强的求知欲，能兼
> 容并蓄。上海人也有弱点，那就是"三自"。其一自大。盲目乐观，
> 尽管在某些领域早已坐不上第一把交椅，却产生危机感。其二自私。
> 不是所有的上海人自私。其三自卑。尤其最近几年，和发展快的省
> 份比较，上海人不行了，信心不足。[②]。

也有学者从市场经济的角度来肯定上海人的精明特征：

> 上海人经常遭到的批评之一是"精明"，通俗的说法是"门槛
> 精"。其实，精明有什么不好呢？……从市场经济的角度看，精明乃
> 是一种美德，只有在"重本抑末"的传统社会中，精明才被视为一
> 种恶的品行。在现代社会中，谁愿做市场上的堂吉诃德呢？……上

---

① 王健刚：《人文杂交才有人才优势》，《解放日报》1992 年 2 月 19 日第 1 版。
② 陶友之：《上海人的"三开"、"三自"》，《解放日报》1991 年 12 月 30 日第 1 版。

海人之怯于开拓，乃是更多地受计划经济的条条框框束缚的结果。①

在《文汇报》专栏"90年代上海人"讨论征文中，报纸借助学者陆德明的出场回应了俞吾金的关于上海人的说法，并对上海人精神内涵作了进一步的阐释：

> 旧上海是一个移民城市，是冒险家的乐园。宁波人、广东人和苏北人、东洋人和西洋人，三教九流，万商云集。解放后，由于闭关锁城，上海人养成了夜郎自大、故步自封的习惯。九十年代上海人一方面要敢于冒险，敢闯，敢为天下先；另一方面，上海要敞开城门，兼收并蓄，让国人和外国人再次云集上海，在这里冒险、赚钱、竞争、闯关。②

从这些地方知识精英的报刊话语来看，在20世纪90年代的时空语境中，探讨上海人的精明开始与20世纪30年代上海人的重商主义精神勾连。《解放日报》除了自设议程发动了28场关于90年代上海人的讨论外，还在其名牌栏目"解放论坛"借助学者的出场介入了上海人的话题。"上海人的海派精神最讲实际，最富商业进取精神，计划经济把海派精神搞掉了，上海要重振雄风，就要重振海派的商业进取精神。"③ 同样在"解放论坛"，学者徐文龙在谈到上海人的行为特征和心态时提出：

> 崛起于商品经济的先辈上海人，以善于竞争，精明过人著称，在三十年代谱写过远东金融贸易中心的辉煌历史；全国解放以后，又以一双打破封锁，制造"争气机"的铁手，在五十年代创造出全国"十个第一"的最高纪录。然而，不幸的是，上海此后沉睡于高度集中的计划经济禁锢中，信息闭塞，市场萎缩，户籍冻结。……

---

① 俞吾金：《市场经济标尺看上海人》，《文汇报》1992年9月7日第2版。
② 陆德明：《按"经济人"要求塑造上海人》，《文汇报》1992年9月13日第2版。
③ 司马心：《上海人的争与不争》，《解放日报》1992年4月15日第2版。

城市功能严重衰退，"鸽子笼"，"罐头车"成为大上海的"土特产"。昔日襟怀天下，高瞻远瞩，而今心胸狭隘，锱铢必较，外省人所称呼上海人的"三小"（小市民、小儿科、小作坊），与其说是上海人的不幸，毋宁说是历史之贻误，体制之弊端。①

在关于"90 年代上海人"报刊大讨论中，《解放日报》还两次专门组织驻沪外商进行讨论，也提出了有关上海人精明的议题，有位驻沪外商韦安指出："在人的素质方面，上海人比广东人更精明，更会管理，也很会做生意。但是在政策方面，广东的自由度大，变通办法也多。上海需要中央给政策，同时，也需要学习广东人的政策头脑。"②《上海社会科学报》作为小众类的学术类周报也介入到上海人这个话题。在"学苑"版块，开辟"上海人"专栏 21 次，时间从 1992 年 1 月 16 日至 1992 年 12 月 31 日。主要是选登了沈渭滨、姜鸣的著作《上海人》（从文化社会学和文化人类学视角，对上海人的价值取向、思维定式、生活方式和文化环境作了解析）若干片段，也提到了上海人的精明："充分利用市民好奇心、'轧闹猛'心态，获得最大'生意经'。奇和活，是上海人做生意经两大诀窍，它反映了上海商人善于揣摩消费者心理，具有摸透市场信息、正确预测流行趋向的能力。这正是近代文明映照的特殊社会群体文化素质。"③

在报刊讨论过程中，上海人的精明与近代商业文明产生了连接，精明获得了正面意义。正如学者忻平指出："上海人的精明是在百年商业都市中熏陶出来的一种生存价值与生存能力，机智、聪明、灵活、精炼，讲求实效，这种精明的实际内涵，已构成上海人群体人格的逻辑与风景线。"④ 对于颇有非议的上海人的精明，著名上海史学者卢汉超指出："上

---

① 徐文龙：《将"三小"换成"三大"》，《解放日报》1992 年 8 月 8 日第 2 版。

② 《在外经贸委召开的座谈会上　驻沪外商"谈九十年代上海人"》，《解放日报》1992 年 5 月 17 日第 1 版。

③ 沈渭滨，姜鸣：《精明生意经》，《上海社会科学报》1992 年 7 月 23 日第 2 版。

④ 忻平：《从上海发现历史——现代化进程中的上海人及其社会生活（1927—1937）》，上海大学出版社 2009 年版，第 197—198 页。

海人的精明,一方面意味着精于算计、吹毛求疵、机灵敏捷,在花费时必定考虑自身的利益;另一方面,意味着一种风格,意味着对生活果敢果断的想象,敢于为长期利益而一掷千金。这种气质,归根结底是商业文化的结晶。"① 也就是说,上海人的精明是现代化大都市重商主义的体现和表征。在外地人的评论中,上海人的精明往往和小气联系在一起。在20世纪90年代的时空语境中,也出现了关于上海人小气的另外的评价,发行量颇大的《报刊文摘》转载了复旦大学教授谢遐龄发表于《中国青年研究》一文:

> "上海人小气",恐怕是各地人几乎成为共识的论点,然而这恰恰是上海人较多理性主义的一个证据。……所谓"小气",就是"有间"(有距离),不肯在朋友之间共产。上海人认为美国人小气,证明上海人毕竟是中国人;中国各地人认为上海人"小气",证明上海人在文化上离西方人比其他中国人近些。②

从地方知识精英和外商的报刊话语的表述来看,并不是上海人的素质差,上海人的精明是好事,导致上海小家子气、小市民的原因是国家计划经济的束缚以及官方户口政策导致人口固化的原因所致。上海市民精神的再造需要重新接续1949年以前近代上海大都会的城市精神文化传统。在关于"90年代上海人"媒介大讨论之时,电视剧《上海一家人》热播并受到市民的热捧。诸晓在阐述电视剧热播原因时提出了独特的见解:"《上海一家人》营造了商品大都会独特人生况味……上海人终究难以忘怀过去在屈辱中获得的荣耀。所以,与其说华丽绸布店开张志喜的鞭炮声是在庆贺若男的成功,不如说是作为观众的上海人在重新呼唤自己的拓荒精神和前卫意识。"③ 在这里,报纸借知识精英的口表达出20世纪90年代初期上海市民对城市荣耀感的心声。

---

① 卢汉超:《霓虹灯外——20世纪初日常生活中的上海》,上海古籍出版社2004年版,第12页。

② 谢遐龄:《上海人的小气》,《报刊文摘》1995年10月23日第1版。

③ 诸晓:《我说〈上海一家人〉》,《文汇报》1992年4月15日第1版。

在这场大众媒介话语运动中，知识精英话语、市民大众话语及官方主流意识形态话语杂糅在一起。官方正式的介入是 1992 年 8 月 5 日，以上海市委宣传部发动 5 报 1 台进行"90 年代上海人形象"征文活动为标志。征文如下：

> 自去年 12 月以来，解放日报等新闻单位开展了"九十年代上海人"的群众性大讨论。为进一步推动这场讨论深入开展，使之真正成为促进上海当前经济建设和改革开放事业的一种舆论力量，按照市委宣传部部署，解放日报、文汇报、新民晚报、劳动报、青年报和上海人民广播电台联合举办"九十年代上海人"讨论征文活动。征文要求：紧扣九十年代振兴上海、开发浦东的时代特点；紧贴上海面临的深化改革、扩大开放的现实任务；围绕如何更好地提高上海人的整体素质，以适应九十年代上海的历史使命的要求。①

与地方知识精英等群体立足于上海城市特性谈上海人这个话题形成区别，官方立足于主流意识形态如"提高上海人的文明素质"、"社会主义精神文明建设"、"红旗代表"等话语来塑造 20 世纪 90 年代上海人的精神风貌。这些官方话语抹去了上海历史的粗粝，呈现一种泛政治化的宣传色彩。颇有意思的现象是，1992 年 8 月 5 日官方正式介入之后，直到 1992 年 12 月 31 日结束。其间，《解放日报》关于"90 年代上海人"讨论的频次反而下降了，只有三次，分别是：1992 年 9 月 15 日组织召开知名企业家畅谈"90 年代上海振兴之路"座谈会，并刊载座谈发言摘要 10 篇；1992 年 10 月 21 日，刊载关于"90 年代上海人"征文选刊 7 篇；1992 年 12 月 31 日，刊载官方关于 90 年代上海人形象座谈会总结性质的消息 1 篇。

《解放日报》等大众媒体开展的关于"90 年代上海人"大讨论掀起了讨论上海人的热潮。1993 年，该报利用上海举办东亚运动会这一契机，以"怎样塑造九十年代上海人形象"为主题，开展了第 2 轮讨论，主要

---

① 《"九十年代上海人"讨论征文启事》，《解放日报》1992 年 8 月 5 日第 1 版。

着眼于提高市民文明素质，改善城市环境。1994年年初，《解放日报》在头版头条发表了一位外商给上海市领导的一封信，对企业"窗口"单位的服务态度提出批评，提出"提高人的素质，改善企业形象"的议题，接着本报开展了改善企业形象为主题的关于"90年代上海人形象"又一轮讨论。与第1轮讨论相比，此次讨论缺乏对上海人特性的介入，后两次讨论更多起一种宣传引导的意味。

《解放日报》主动设置的"90年代上海人"讨论活动虽然暂告一个段落，但关于上海人文化特性的话题在市民大众中依然热度不减，20世纪90年代，引起普通市民广泛关注的另一个媒介文化事件是台湾女作家龙应台掀起的一场关于上海男人的讨论。1997年1月7日，龙应台在《文汇报》副刊发表了《啊，上海男人》，文章指出：

> 上海男人竟然如此可爱：他可以买菜烧饭拖地而不觉得自己低下，他可以洗女人的衣服而不觉得自己卑贱，他可以轻声细语地和女人说话而不觉得自己少了男子汉气概，他可以让女人逞强而不觉得自己懦弱，他可以欣赏妻子成功而不觉得自己就是失败。上海的男人不需要像黑猩猩一样嘭嘭捶打自己的胸膛、展露自己的毛发来证明自己的男性价值。啊，这才是真正海阔天空的男人![1]

龙应台关于褒扬海派性格男人一文激起了一些上海读者的强烈反应，认为该文是对上海男人缺乏男子汉气概的讽刺。一些读者纷纷撰文表达不同意见，沈善增认为："真正的上海男人在适时求变，不受传统的乃至陈腐的观念束缚方面，自有其优越之处。"[2] 吴正发表了《理解上海男人》一文认为："上海男人的生命哲学是尽可能地礼让出生活上的细节来满足他们的所爱者，从而为自己换取更广大的事业的思考空间。"[3] 后来，这场关于上海男人讨论的相关文章由文汇出版社结集出版为《啊，上海

---

[1] 龙应台：《啊，上海男人!》，《文汇报》1997年1月7日第8版。
[2] 沈善增：《捧不起的"上海男人"》，《文汇报》1997年1月23日第6版。
[3] 吴正：《理解上海男人》，《文汇报》1997年1月29日第6版。

男人!》。

关于上海人形象、上海人特性成了20世纪90年代大众媒介的热议话题。以上海人为题材的电视剧也在1990年代集中推出。在市民中引起热议的关于上海人形象电视剧系列有:《上海一家人》（1992）、《孽债》（用沪语创作，1994）、《上海风情》（1994）、《迎接21世纪的上海人》（1994）、《上海人在东京》（1996）、《阿拉上海人》系列、《当代上海人》系列等。除了反映新时期上海人风貌系列电视剧外，其他一些小众媒介以上海、上海人为刻画对象的文学作品、书籍杂志也活跃起来。1995年，评说上海人的一套丛书《解读"上海人"》出版。应上海人爱看滑稽戏的需要，1997年，大型滑稽戏《阿拉自家人》播出。1999年又出版了《新上海人》。这些大众媒体对上海人议题的积极介入共同促成了"上海热"的高潮。正如《解放日报》刊文指出:

> 面对上海和外地的电视连续剧，千万普通的上海人在比较中同时萌发了评论意识，从电视机前站起身来大放声音，各家报纸慷慨地让出篇幅，一切公共场所也都议论滔滔，形成了一种未曾预计的文化反馈热。[①]

这里，地方报纸借由作为城市共同体的主体"上海人"的议题促成了不同社会群体成员之间有意义的联系和对话，实体空间和虚拟空间紧密互动，编织成城市共同体意义网络。

小　结

20世纪90年代这场几乎裹挟上海所有大众媒介关于上海人话题的讨论，是以浦东开发和上海"重振"为历史契机。就城市发展阶段来说，上海处于再次腾飞的初始阶段。呈现在大众媒介上的议题主要是关于上海人的形象、上海人的素质及上海人的市民意识（主要是

---

① 余秋雨:《上海文明如是说》，《解放日报》1992年3月12日第7版。

"精明"）。关于上海人的媒介讨论，赞扬是一种认同，批评也是一种认同，批评的自由是一种文化宽容和成熟的表现。20 世纪 80—90 年代上海地方媒介上的"'上海人'话题走俏，表明上海人敢于正视自己的弱点，敢于揭丑。种种议论之中，有关上海人的胆怯、近视和可怕的'小聪明'被揭示无遗。这种'曝光'本身就让人看到勇气和力量交汇成的希望之光"①。其实，上海文化在历史上就有这种开放及容纳的传统："上海文化在创造的同时，留下了批评的广阔空间，从文化发展角度来说，极有意义。"② 可见，上海人的市民意识和上海文化特性的形成与近代上海都市特性有关。

　　这场以"上海人"为话题的媒介话语运动跨越了不同的社会阶层直至市民大众，未必达成了共识，但形成了真正有意义的对话，其价值在于"优越感十足的上海人，一定意义上完成了自身形象的塑造，一个区别于一般南方人的新称谓——'上海人'，在全国通行并取得认同地位，这是一个响亮而又暧昧的字眼"③。上海地方媒介制造的"上海人"意味着上海城市共同体主体意识的苏醒。1990 年代的上海人频频回首，寻找近代上海城市的历史文化资源，以兹借鉴而重建未来。由此可见，大众媒介编织的上海城市共同体不但企图接续曾经被切断的历史脉络，更是期望增添新的内容以重振国际大都市的梦想。

---

①　叶良优：《上海人话题走俏有感》，《解放日报》1992 年 5 月 11 日第 2 版。

②　熊月之：《民国时期关于上海城市形象的议论》，载张仲礼、熊月之、沈祖炜主编《中国近代城市发展与社会经济》，上海社会科学院出版社 1999 年版，第 146—169 页。

③　张广崑：《市民性：上海文化的主色调》，《上海大学学报》1997 年第 12 期。

第三部分

全球化背景下制造国际大都市

21 世纪之交，关于传播与都市，对于上海来说，有两个事件的出现具有标志性意义：一是外滩"世纪壁画"的诞生（1997）；二是都市报的出现，尤其 1998 年定位于市民消费类的都市报《申江服务导报》的横空出世。先说"世纪壁画"，1997 年年末，原市府大楼浦发银行在对大楼进行装修时意外地发现一组具有相当规模的马赛克镶嵌画。上海老牌主流市民报纸《新民晚报》于 1997 年 11 月 1 日至 1997 年 11 月 10 日连续刊发了九篇相关报道、访谈①。关于壁画发现的报道激起了上海各界及海内外的强烈反应，成为"申城百姓的热门话题"，牵动了"上海人内心深处的外滩情怀"。学者孙玮对壁画事件的报道引发的上海人的外滩情怀作了精彩的阐述。② 本文不想从上海人身份苏醒的角度来理解壁画事件，而是试图从汇丰银行到上海市政府大楼再到浦发银行建筑空间的历史变迁呈现的全球联结、脱落及再联结的意涵来阐释其象征意义。1923 年的汇丰银行建于西方势力的鼎盛时期，外部以花岗岩装修，内部则有意大利工匠在大楼初建期绘制系列精致的镶嵌壁画，描绘了上海、香港、曼谷、加尔各答、巴黎、伦敦、纽约和东京当时具有全球意义的金融城市的世界联结，还镌有英文"ALL MEN ARE BROTHERS WITHIN THE FOUR SEA"，即中国古训"四海之内皆兄弟"③。1949 年以后，共产党市府的迁入，在那个与世界联结不适宜的时代，建筑师选择涂抹掩饰而非结构改造，用红星代替圆顶的华丽皇冠，剥除了全球联结意义。20 世纪 90 年代，官方开启了新一轮的改革开放，上海由改革开放的"后卫"重新走

① 这九篇报道分别是：杨俊：《奶黄色涂料覆盖着问号——原市府办公楼发现珍贵壁画记》，《新民晚报》1997 年 11 月 1 日第 1 版；杨俊：《老房子该如何"养老"——世纪壁画被发现引出的话题》，《新民晚报》1997 年 11 月 2 日第 1 版；杨俊：《外滩建筑群宝藏多多：一批西方艺术精品将重见天日》，《新民晚报》1997 年 11 月 5 日第 1 版；杨俊：《老本子和老法师亟须关心——世纪壁画引出的"软保护"话题》，《新民晚报》1997 年 11 月 6 日第 1 版；杨俊：《世纪老人话说世纪壁画——访九五高龄总工程师陈植》，《新民晚报》1997 年 11 月 7 日第 1 版；杨俊：《市民可望一睹"世纪壁画"》，《新民晚报》1997 年 11 月 8 日第 2 版；杨俊：《揭开"世纪壁画"之迷——与钱宗灏副研究员一席谈》，《新民晚报》1997 年 11 月 8 日第 7 版；杨俊：《还有建筑艺术品被埋藏——研究人员从"世纪壁画"引出新话题》，《新民晚报》1997 年 11 月 9 日第 7 版；杨俊：《在世纪壁画的背后》，《新民晚报》1997 年 11 月 10 日第 10 版。

② 孙玮：《作为媒介的外滩：上海现代性的发生与成长》，《新闻大学》2011 年第 4 期。

③ 《百年视觉的凭证——重读"世纪壁画"》，《新民晚报》2005 年 2 月 8 日第 5 版。

向"龙头"，旧银行回复了昔日的荣光，1995 年市府的迁出，上海金融旗舰浦东开发银行的进驻，"不在博物馆而在市民之间"① 的"世纪壁画"的重见天日，意味着在新的全球脉络里，过去全球联结的象征意义重新操作。在这个意义上，上海老牌市民报纸积极介入的"世纪壁画事件"成为上海全球性都市转型的一个隐喻。

"上海正在成为一个全球性城市，但与这种全球性形成对照的是它依然要求一种特殊的上海个性和独特的上海文化"② 立足上海都市，定位于地方性生产的城市报《申江服务导报》1998 年的创刊可谓生逢其时。据《申》报主编所说："《申》报是上海的一个品牌，跟做成全国品牌的报纸不一样。"③ 而其特色栏目"'发现上海'的特殊性在于，它背负了一份地方报纸与本地文化连接的责任。"④ 在全球化时代，都市报营造了地方空间的文化氛围。对上海城市精神的阐发，特色栏目从"珍藏上海"到"发现上海"体现了栏目主创者从不自觉到自觉意识的努力。⑤ 主编徐锦江在上海开埠 160 年的特刊中开篇文章指出："关注上海，是《申》报从创刊就开始的一个传统，从'珍藏上海'专版到'发现上海'栏目，从苏州河报道专辑到上海开埠 160 周年纪念专辑，《申》报一直试图不负'申'名，称为名副其实的上海价值发现者。"⑥ "发现上海"这个栏目的议题主要集中在与上海特性有关的空间、语言、城市与人的关系这三个维度。不仅呈现租界时代的"旧上海"的历史人文风貌，创造近代上海起源的经验，而且试图开掘"新上海"的可能性，"新上海"与"旧上海"嫁接在一个全球化的逻辑中。"从城市的起源萃取价值的文化过程，

---

① 李天纲：《"开埠纪念"的纪念》，《上海壹周》2003 年 10 月 29 日第 B2 版。

② 包亚明：《全球化、地域性与都市文化研究——以上海为例》，《郑州大学学报》2002 年第 1 期。

③ 方仁：《扎根大上海的小圈子——访〈申江服务导报〉总编徐锦江》，《传媒观察》2006 年第 3 期。

④ 孙玮：《"发现上海"——〈申江服务导报〉都市空间生产分析》，载孙玮主编《中国传播学评论（第四辑）：传播媒介与社会空间特辑》，复旦大学出版社 2009 年版，第 48 页。

⑤ 笔者对吴驷的访谈，时间：2014 年 11 月 30 日上午，地点：解放大厦。吴驷是当时《申江服务导报》栏目"发现上海"的编辑。

⑥ 徐锦江：《〈申〉报：上海价值的发现者》，《申江服务导报》2003 年 11 月 12 日第 2 版。

创造了某种媒体杂志所滋养、助长的纯正感，媒体发展了一种可称为生活风格新闻（life style journalnism）的新书写方式。"① 《申江服务导报》的"发现上海"就是这样的新书写方式，它的独特价值在于创造了上海都市的纯正性，而"纯正性涉及地方激发的社会联结性"②。

　　在这样的历史脉络下，21 世纪之初，在城市的热点时刻，上海本地报刊对上海都市的再造出现了怎样的作为？意味着什么？第三部分章节主要是围绕着这个问题展开。21 世纪之交，上海报刊对"都市上海"的再造，主要有两个"热点时刻"：第一次是 2000 年《文汇报》发起的"迈向 21 世纪的上海人精神"大讨论；第二次是 2003 年以"纪念上海开埠 160 周年"为由，立足都市，地方媒介前后约一个月对"都市上海"的阐发和再造。

---

① ［美］雪伦·朱津（Sharon Zukin）：《裸城：纯正都市地方的生与死》，王志弘、王玥民、徐苔玲译，台北群学出版有限公司 2012 年版，第 26 页。
② 同上书，第 264 页。

第 五 章

"世界主义"为特质的上海精神的
重构与批判

城市犹如各种社会世界的镶嵌画，分歧多样的人物与生活方式模式并肩并置。

——路易斯·沃思

城市是由各种不同的人所构成：相似的人无法让城市存在。

——亚里士多德

2000 年上海美术双年展把上海文化特性概括为"上海精神"，策划人侯翰如试图在"全球性"与"地方性"结合的角度来解释上海精神："上海精神的内核是文化开放性、多元性、混合性和积极的创新态度。"①

城市精神是一个高频字眼，但迄今没有一个正式的权威的定义。上海史学者熊月之初步概括提炼了"海纳百川、服务全国、艰苦奋斗、追求卓越"的当代上海精神内涵。② 并部分地成为地方政府关于上海城市精神的表述。这样一种对"上海精神"静态的把握有一种本质主义规定之嫌。尽管"上海的价值体系是在变动不居的时空中转化"③，但是上海精

---

① 侯翰如：《从海上到上海——一种特殊的现代性》，转引自包亚明《全球化、地域性与都市文化研究——以上海为例》，《郑州大学学报》（哲学社会科学版）2002 年第 2 期。

② 熊月之、周武：《海纳百川——上海城市精神纵横谈》，上海人民出版社 2003 年版，第 19—25 页。

③ 杜维明：《全球化与上海价值》，《史林》2004 年第 2 期。

神特别是日常生活层面的上海特性几经政权的更替和意识形态的改造作为"顽固的传统"却一以贯之。从作为现代大都市的源头来看,"世界主义"构成了上海精神的本质,成为 21 世纪之交地方媒介建构上海城市共同体的精神内涵。当然,"世界主义"是需要批判的,因为上海首先是中国的上海,是东方民族国家的城市。

第一节　国际移民城市的重返

一　近代上海移民城市与包容城市特性的形成

近代上海伴随着都市化的进程,以及城市社会经济结构性的转型,上海城市人口急剧增长。据统计,上海人口 1852 年为 54.4 万,1910 年为 108.7 万,1920 年为 225.5 万,1935 年为 370.2 万,1949 年为 545.5 万。① 在当时人们的心中,"上海是希望之邦,选择上海就是选择新的人生之路,就是选择美好的未来。人对美好事物的一种本能的追求欲望,造成一股巨大的推动力,把一批又一批的外地人推出家园,推向上海"②。多元混杂的各色人等造成上海中外混杂、多元并存的社会情境:

> 上海真是一个万花筒。……只要是人,这里无不应有尽有,而且还要进一步,这里有的不仅是各种各色的人,同时还有这各种各色的人构成的各式各样的区域、商店、总会、客栈、咖啡馆和他们的特殊的风俗习惯、日用百物。③
>
> 上海一隅,洵可谓一粒米中藏世界。虹口如狄思危路、蓬路、吴淞路,尽日侨,如在日本;如北四川路、武昌路、崇明路、天潼路,尽粤人,如在广东;霞飞路西首,尽法人商肆。如在法国;小东门外洋行街,多闽人洋号,如在福建;南市内外咸瓜街,尽甬人商号,如在宁波。国内各市民、外国侨民类皆丛集于此,则谓上海

---

① 周武:《开放传统与上海城市的命运》,《史林》2003 年第 5 期。

② 乐正:《近代上海人社会心态 1860—1910》,上海人民出版社 1991 年版,第 173 页。

③ 〔英〕爱狄·密勒:《上海——冒险家的乐园》,包玉珂编译,上海文化出版社 1956 年版,第 23 页。

为一小世界，亦不可。①

正如李天纲教授指出，"世界性的'华洋混处'，加上中国内部的'五方杂处'，上海租界从 60 年代起成全世界、全中国内部移民程度最高、最剧烈的开放城市"②。按照沃斯对城市特性的归纳：人口多，密集聚集，异质性。③ 近代上海算得上是一个真正意义上的高度异质性的移民城市。据 1885 年至 1935 年的上海人口统计资料显示：上海公共租界非上海籍人口占上海总人口的 80% 以上；即使在上海"华界"，非上海籍人口一般亦占 75% 左右。1950 年的上海人口，上海本地籍仅占 15%，非本地籍人口占 85%。移民构成了上海城市居民的主体。这些移民包括国内移民和国际移民，国内移民来自江苏、浙江、广东、安徽、山东、河北、福建、山西、云南、东三省等全国 18 个行省，其中以江浙移民人数最多；国际移民来自英、美、法、日、德、俄、印度、葡萄牙、意大利、奥地利、丹麦、瑞典、挪威、瑞士、比利时、荷兰、西班牙、希腊、波兰、捷克、罗马尼亚、越南等近 40 个国家，最多时达 15 万人。④

表一　　　　　　　旧上海公共租界客籍人口与本地人口比较

年份	上海籍	比例（%）	非上海籍	比例（%）
1885	15814	15	93492	85
1890	24315	17	18839	83
1895	40470	19	178836	81
1905	67600	17	322797	83
1915	91161	17	448054	83
1925	121238	17	660848	83
1935	236477	21	884383	79

① 胡祥翰：《上海小志（卷10）》，上海古籍出版社 1989 年版。

② 李天纲：《文化上海》，上海教育出版社 1998 年版，第 95 页。

③ ［美］路易斯·沃思：《作为一种生活方式的都市主义》，载汪民安、陈永国、马海良《城市文化读本》，北京大学出版社 2008 年版，第 147—150 页。

④ 邹依仁：《旧上海人口变迁的研究》，上海人民出版社 1980 年版，第 112—117 页。

表二   旧上海华界客籍人口与本地人口比较

年份	上海籍	比例（%）	非上海籍	比例（%）
1930	436337	26	1255998	74
1932	430875	28	1140214	72
1934	488631	25	1426063	75
1936	513810	24	1631507	76

表三   旧上海客籍人口与本地人口比较

年份	上海籍	比例（%）	非上海籍	比例（%）
1946	767902	21	2996728	79
1950	750855	15	4230137	85

资料来源：均见邹依仁《旧上海人口变迁的研究》，上海人民出版社 1980 年版，第 112—113 页。

近代上海的华洋杂处的特点对上海城市特性的形成有决定性的影响。"上海移民传统的悠久性、多元性、零散性、双重认同，决定了上海城市人口高异质性、高密集性、高疏离性。"① 由多元异质人口组成的移民城市造就了上海包容的现代城市精神。

二　移民阀门的关闭与上海意识的强化

上海解放后，在严密的计划经济体制下，特别是 1958 年实行严格的户籍管理制度，上海作为移民城市的特性结束了。上海人不再是具有一定流动性的移民群体了。人口迁出容易迁入难，上海人口日趋固化，上海逐渐变成了一个人口迁移负增长的城市。据统计，1950—1983 年，年均迁移率为 -2.4%。② 在此期间，上海向全国输出了上百万的熟练工人、技术人员、知识青年、专家学者，虽然因军政人员南下、求学、干部调动、国家分配而增加了一些外来人口，但数量有限。而外国移民先后迁

---

① 熊月之：《移民人口与海派文化》，《上海大学学报》2005 年第 9 期。
② 周武：《开放城市与上海城市的命运》，《史林》2003 年第 5 期。

离，至"文化大革命"结束时几乎绝迹。① 随着人口的固化，"一江活水"变成了"一潭死水"，上海城市的活力便日益衰竭。在这样一种人口固化的背景下，上海人的身份有了固定的含义。"上海人对上海与原籍的双重认同，至此演变为对上海的单一认同。"② 随着城市户口的严格执行，人口固化，滋长了上海人的自傲心理，也强化了上海人的"上海意识"。而上海人原本具备的世界意识在衰退，社会主义计划经济时代更是催生了上海人安于现状和故步自封的素质。

三　国际移民城市的重现

"上海是座典型的移民城市，来自各地的移民城市创造了这座城市无数的文化传奇与商业传奇。"③ 20 世纪 90 年代，特别是随着浦东的开发与开放，上海重回开放的"龙头"。在这样的历史背景下，上海也逐渐开启了人才流动的阀门，特别是 1994 年，上海出台了《务工许可证》制度和"蓝印户口"制度。"'蓝印户口'制度，相当于国际通行的'技术移民'和'投资移民'。传统的户籍制度，是传统体制中最难突破的堡垒之一，它集中体现了计划分配、计划就业和职业终身制的弊端，限制了人员流动，妨碍人才优化组合。'蓝印户口'对传统体制是个重要的突破。到2000 年底，上海共批准'蓝印户口'近 3 万人。"据统计，"2000 年，上海人口 1674 万，其中非上海籍的常住人口 353 万，占总人口 1/5。如果加上流动人口 300 万，那么'新上海人'的比例已占 1/3 以上"④。2000年 8 月 27 日，上海媒体上首次出现了"新上海人"的表述：

　　曹谊林，从事人体器官再生研究的留美博士后，他怀揣绿卡，家在美国，实验室在麻省理工学院，人在上海第九人民医院当副院长。要是过去，人们也许看不懂，然而在今天，大家亲切地称曹博士为"新上海人"。像曹博士这样只带行李和头脑进入上海的"新上

① 葛剑雄：《移民、移民文化、上海文化》，《上海文化》1994 年第 3 期。
② 熊月之：《略论上海人形成及其认同》，《学术月刊》1997 年 10 期。
③ 朱强：《我们为什么关注新上海人》，《南方周末》2001 年 10 月 18 日第 21 版。
④ 上海证大研究所：《新上海人》，东方出版社 2002 年版，第 128—129 页。

海人"有 6000 之多,"新上海人"是上海实施人才流动的新举措产生的新群体,上海已经承诺,在更多方面让移民上海的人才享受"市民待遇"。①

从人口流动(表四)来看,种种迹象表明,21 世纪之交的上海重返移民城市行列,也重新步入"国际化大都市"。从历史与现实来看,这是一次既旧且新的旅程。

表四			1982—2000 年上海外来流动人口增长		单位:万人
年份	市外流入	户籍/外来人口	外来常住		
			人数	占流入(%)	占常住(%)
1982	53.8	21.9	20.3	37.7	1.7
1984	75.9	15.9	24.0	31.6	2.9
1988	105.8	11.9	51.3	48.5	3.9
1993	251.0	5.2	123.0	49.0	9.1
1997	237.0	5.5	165.9	70.0	11.4
2000	387.1	3.4	305.8	79.0	18.6

数据来源:谢玲丽主编《上海人口发展 60 年》,上海人民出版社 2010 年版,第 147 页。

第二节　新上海,老上海,我们都是上海人

20 世纪 90 年代初由《解放日报》发动大众媒介广泛参与的"90 年代上海人"大讨论带有计划经济时代的烙印,对上海市民精神的再造更多停留在"精明还是高明"议题上。此后,经过 10 年的真正的开放,上海重新惊艳于世界,实现了再次腾飞,上海迈向"新型国际大都市"②,日渐行进在全球化都市转型的进程中。21 世纪之初,上海《文汇报》发动

---

① 郑言:《欢迎新上海人》,《解放日报》2000 年 8 月 27 日第 1 版。
② 熊月之、周武主编:《上海:一座现代化都市的编年史》,上海书店出版社 2007 年版,第 584 页。

了一场"迈向二十一世纪上海人精神大讨论"，又迎来了新一轮上海精神再造的"热点时刻"。这次报刊讨论的时间跨度将近两个月：2000年11月4日至2000年12月30日。报纸组织召开座谈会3次，讨论来稿摘编4次。在媒介上发声的主体除了知识精英群体、驻沪企业精英、市民大众、地方官员之外，出现了网民以及外籍人士。在此前后，2000年11月14日至2001年2月2日，《解放日报》也发动了"新世纪市民形象系列讨论"，触及一些相似的议题如"新上海人"、"上海人的精明"等。

这次报刊讨论的由头是一位上海市闸北教育学院的读者郭卫的来信，摘录如下：

> 过去，上海人给人的感觉总是"精明不高明"，有时显得"小家子气"。随着上海人生活的改善，城市建设的发展，社会环境的变化，上海人的精神面貌焕然一新。……对上海人近十年来精神风貌上的变化是否可以总结几条呢？另外，新世纪即将到来，这是一个承前启后、继往开来的关键时刻，作为上海市民，又应当以怎样的精神风貌来面对新世纪？这也是当前广大市民极为关心并且迫切需要解答的问题。贵报是一张长期致力于文化建设的大报，建议就此请专家学者和广大市民展开讨论。①

《文汇报》特地加了一个编者按：

> 读者郭卫的来信值得一读，他给本报提的建议很有见地。改革开放特别是九十年来，在邓小平理论指引下，上海经济增速快，城市面貌变化大，人民得到实惠多，与此同时，上海人的精神面貌、人格心理、文明素质也日新月异。在二十世纪行将结束，新世纪即将来临之际，从理论与实践的结合上来考察上海人精神世界的变迁，总结上海人从封闭到开放，从守成到创新，从"小气"到"大气"的心路历程，无疑是一件很有价值也很有意义的事情。……本报曾

---

① 《上海人应有怎样的精神风貌》，《文汇报》2000年11月14日第1版。

在九十年代初开展过"九十年代上海人形象"的讨论，从当初的
"上海人形象"到如今的"上海人精神"，随着时间的推移、观念的
转变，显然为我们提供了一个从不同侧面进行深入思考的话题，面
向新世纪的上海人应当具备怎样的思想观念、道德风貌、科学精神、
人格心理、行为模式、生活方式等等。①

由此可见，《文汇报》这次发动"迈向 21 世纪的上海人精神"大讨
论承继了"90 年代上海人"关于市民精神的讨论，只是这次是在世纪之
交上海重新日益全球化的背景下对上海精神的阐发，出现了新的议题，
主要是关于"移民城市特性的重返"以及"新上海人的身份指认"。

一　"世界主义"精神的激活

在这次世纪之交的上海精神的媒介大讨论中，《文汇报》借助知识精
英的出场较为集中地道出了上海移民城市的特性，如复旦大学历史地理
研究所教授葛剑雄在讨论中指出：

> 上海曾经是世界上最开放的城市之一，昔日中西交汇、五方杂
> 处，造就了大都市的繁荣。各国侨民最多曾达到十多万，来自国内
> 其他地区的移民占据了上海人口的主体，移民城市造就了上海在中
> 国近现代历史上扮演重要的角色。……改革开放以来，上海在引进
> 人才和移民状况方面有了相当大的进步。②

在这次媒介讨论结束之际，2000 年 12 月 30 日，《文汇报》在头版刊
出一篇带有总结性的文章：

> 上海本来是个移民城市。移民城市的特点就是流动性大，包容
> 性强。所谓海纳百川，说的就是上海人在历史上长久适应着一种社

---

① 《上海人应有怎样的精神风貌》，《文汇报》2000 年 11 月 14 日第 1 版。
② 葛剑雄：《最重要的是一种开放心态》，《文汇报》2000 年 11 月 7 日第 1 版。

会文化心态。这曾因上海作为计划经济的重镇，一度受到窒息。改革开放给上海带来了前所未有的机遇，上海人打开了广阔的发展天地，选择空间日益巨大。于是，上海人在改变着城市的同时，也改变着自身，实现着一种上海人精神的现代重塑……正如所有参加讨论的人们所感受的那样，世纪之交的上海作为一个移民城市和国际性大都市的那种精神、那种活力又回来了……如今的上海人，已不再停留在一个户籍的概念，在人们的眼里，所有参与上海建设的人们，不管是外地人还是外国人，都是新时代的"新上海人"。①

可见，报纸在评论版块赋予了外地人和外国人以"新上海人"的身份，凸显上海作为世界城市的特性。

值得指出的是，这次媒介讨论出现了上海作为一个移民城市和国际性大都市精神与活力重返的报刊话语。移民城市的重返激活了上海人的天性和遗传基因。曾经在 1980 年代受人诟病的上海人特性成为上海全球化都市转世可资借鉴的历史资源。在关于"迈向二十一世纪的上海人精神"的媒介大讨论中，文汇报组织了专家座谈会，上海社会科学院历史学教授金大陆的发言颇具典型性：

> 上海这个城市是非常有格调、有特点的，它的历史不长，但它的文化内涵却非常深广，包含了全国各地、东南西北乃至世界各国的文化……中国乃至世界各种文化也融入了上海人的品格。②

"世界主义"的上海文化品格造就了上海市民的特性。金大陆接着在讨论中指出了上海市民的特性：

---

① 闻平：《提升市民素质　铸造城市之魂——写在"面向新世纪的上海人精神讨论之际"》，《文汇报》2000 年 12 月 30 日第 1 版。
② 《面向新世纪的上海人精神专家座谈会谈纪要》，《文汇报》2000 年 11 月 29 日第 2 版。

修养和理性。以前常有人对上海人评价：认为上海人抠门小气，"半两粮票"成为嘲笑上海人的经典笑话。人们常议论上海人对朋友不讲哥们义气，不愿为朋友两肋插刀的待人处事方式。然而，随着改革开放不断深化，在经济改革大背景下，从某种意义上来讲，这恰恰反映了上海人有素养、有理性、懂经营、民主和法制意识相对强一点，表现为待人处事不以义气为尺度，而以道理为标准。上海人文化素质较高、法制意识较强，遇事讲理性而不是凭血性。事实证明，上海这几年发展变化取得的巨大成就，就凸现了这点。①

这是知识分子的媒介发言，那么市民大众的说法又是如何呢？2000年11月13日，文汇报评论部专门组织了一个问卷调查，读者来自全市各行各业，有机关干部、国企职工、教师、医生、军人、学生、私营业主、外地来沪者。"400份调查问卷在半小时内被读者争相领走，回收率达78%。"② 随后，2000年11月17日，对调查的结果在"新闻点击"版以专版的形式作了深度的呈现，并配发"专家点评"和"编后絮语"。问卷调查显示，"99%的读者认为'九十年代以来上海人精神面貌发生了巨大变化'。在有关九十年代以来上海人精神风貌变化的13项选项中。'改革意识'、'现代观念'、'竞争精神'、'开放心态'、'创新精神'、'法制意识'排在前面"。尤其还出现了一个有"新上海人"对上海人精神的认同："接受本次调查的读者中，表明自己是出生在上海的有232人，而'外地人来沪'有70人之多。这些工作和生活在上海的'外地人'，在上海的时间从一年到三五十年不等，其实很多人已是'老上海'，当然，也有不少人是初来乍到的'新上海人'。在这次调查中，'外地人'眼里的上海人精神和上海人自己看自己，有着惊人的一致。"③ 这正是说明了"上海人"概念的独特内涵："'上海人'是个较为宽泛的概念，有其自

---

① 《面向新世纪的上海人精神专家座谈会谈纪要》，《文汇报》2000年11月29日第2版。

② 潘益大、范兵：《本报关于面向新世纪的上海人精神的读者问卷调查显示 上海人改革意识强烈》，《文汇报》2000年11月13日第1版。

③ 潘益大、范兵：《给自己打分，为未来定位"面向新世纪的上海人精神"问卷调查透视》，《文汇报》2000年11月7日第10版。

身的特征与独特的人文含义，是在该地域生活、工作、定居并认同于（不管是自觉还是不自觉）该地社会价值观的人群。"① 这些新形势下的上海人精神似曾相识，上海史学者熊月之道出了上海人的特质："因都市长久训练而养成的上海人的法律意识、公民意识，上海职员的服务意识，因人口多、择业难、压力大而养成的上海人的竞争意识、技术意识、文化意识，因都市生活、移民社会而养成的宽容精神，因习惯与外国人打交道而形成的外语意识、开放意识等。"②

上海人特性的形成既有改革开放背景下自身的塑造，更有近百年来上海历史传统的延续。因为上海的特殊性在于："20 世纪 90 年代，中国沿海城市已经卷入了全球化。如果说全球化对中国大多数城市来说是一个全新的挑战的话，它在上海人的观念中并不是一个新玩意。上海的普通市民，都有和国外大公司交往的经验；上海的弄堂里，住过很多老外；老一代的上海三轮车夫，都能说几句日常英语，这个城市有国际化的传统，上海很早就是中国离巴黎、纽约、东京、好莱坞最近的城市。"③ 上海人特性在世纪之交新的历史条件下得到激活和再造。这种特性包括"有异于内地的对外来文化宽容接受的态度以及上海人在百多年的经济社会中养成的一整套文化价值观念和行为准则，例如契约精神、敬业精神、时效感、合理主义等等，成为得天独厚的资源，成为发展市场经济和走向世界不可缺少的文化支持。"④ 在这次媒介讨论中，有位企业人员陈秋芳指出："身处于上海这一繁华都市中的上海人，胸襟开阔，表现在对外来现代文化的接受上，就外来著名品牌和外来消费观念被上海人迅速接受可见一斑。"⑤

二 上海人概念的重构："新上海人"

"上海作为一个城市和上海人作为一个群体，最大的特点是开放与容

---

① 忻平：《从上海发现历史——现代化进程中的上海人及其社会生活（1927—1937）》，上海大学出版社 2009 年版，第 26 页

② 熊月之：《历史上的上海形象散论》，《史林》1996 年第 3 期。

③ 李天纲：《文化上海》，上海教育出版社 2004 年版，第 23 页。

④ 杨东平：《城市季风》，东方出版社 1994 年版，第 559 页。

⑤ 陈秋芳：《胸襟广阔应是上海人一种特殊的美》，《文汇报》2000 年 11 月 22 日第 4 版。

纳。……19 世纪中期后，百年上海成为东亚大都市最主要的原因之一便是广纳五湖四海，移民成了上海发展最大的动力，近代上海最大的吸引力便是开放与容纳。"① 而"在间隔了将近 40 年时间之后，上海再度成为中国最大的移民城市之一。由于上海在近代原来就是开放的国际移民城市，这种历史与传统为今天的上海新移民提供了远比广州、深圳、北京等城市更适宜的社会伦理环境，老上海的规则理性与新移民的开拓进取相得益彰，来自境内外的各类新移民有一种如归的感觉"②。据上海史学者熊月之的研究，具有文化意义上的"上海人"的概念的出现在 20 世纪初，由于上海形象的稳定、移民居留的时间较长、对上海城市的依恋和公共媒介的整合作用，促使上海移民对上海人的认同。并且，在 1958 年官方实行户籍制度之前，上海移民保持着对上海与原籍的双重认同。③ 这种双重认同是上海都市开放与容纳特性的表现。

在 20 世纪末的这场上海人精神媒介讨论中，出现了上海人概念的重构。2000 年 11 月 29 日，在报纸组织的专家座谈会上，学者卢汉龙指出：

> 50 年代以后到计划经济时期，上海这个城市基本上是封闭的，这段时间上海人精神出现了变异，原来评价上海人精明不高明，更多的是反映了计划经济对上海人的影响。1958 年至 90 年代初，上海受着计划经济影响巨大，上海人地域概念非常强烈，现在我们说得"上海人"，已经不是一个户籍的概念，而是一种广泛概念上的上海人。"上海人"在全国那么多城市人口中成为一种经典的称呼，就在于上海历史上是一个移民城市，是海纳百川的。④

移民城市的重返，上海人口固化、纯化的格局打破了。上海人的身份指认在报纸中也出现了变化。2000 年 12 月 1 日，《文汇报》组织了在沪企业家、驻沪单位领导座谈会，企业家周竟成的发言很具有代表性：

① 卢汉超：《上海城市的文化认同及其开放与容纳》，《学术月刊》2004 年第 7 期。
② 周武：《开放传统与上海城市的命运》，《史林》2003 年 5 期。
③ 熊月之：《略论上海人的认同》，《学术月刊》1997 年第 10 期。
④ 《面向新世纪的上海人精神专家座谈会谈纪要》，《文汇报》2000 年 11 月 29 日第 2 版。

90 年代初来到上海，这是一个充满活力的城市，充满了机遇，海纳百川，各种人才都有施展自己才华的机会和舞台。我们为上海人的改革开放花了很多心血，像我们这样，都应该叫做"上海人"。①

在这次媒介大讨论中，中华人民共和国成立后第一次在报纸上出现了外侨对上海城市的认同。2000 年 12 月 22 日，《文汇报》组织的外籍人士座谈会上，外籍人士古乃希的发言具有典型性："上海人非常遵守纪律，很有礼貌。他们受教育程度高，凭借着很好的知识和技能胜任了各种工作。……我来上海三年了，我已经把上海当成了自己的家。"另外一位外籍人士纪汉诗说："在我的意识里，我已经成了上海人。"他对上海的认同特殊之处不是着眼于对城市的赞扬而是一种建设性的批评："上海希望在商业方面、金融方面蒸蒸日上……但是，每个人都要有'责任关怀'，如，在责任方面，每个人对于保护环境都应该有一份责任心。在一些建筑工地上，人们经常可以看到，大家吃完饭后，就把一次性的盒子随手一扔。"并且还尖锐指出："外国人刚到上海的时候，他们听说上海是个非常开放的城市，对外国人非常的友好。但是，他们会发现，中国人对待自己同胞的态度和对外国人的态度是不一样的。使得他们感到非常的害怕和担心。"② 这似乎与 20 世纪初寓沪西人对上海的认同遥相呼应。虽然此一时彼一时，但城市的内在脉络似乎一脉相承。1893 年，外侨举行上海开埠五十周年庆典。有位寓沪西人致信《新闻报》馆，认为自己在上海生活多年，对上海贡献甚大，不应该再被视为外国人，把自己当成上海居民，自称 Shanghailander。在历史学者熊月之看来，这是上海外侨对上海城市高度认同的标志。③ 关于外侨对上海城市的认同超出了本书研究的课题，在此，试图透过外侨对上海的认同说明上海世界主义的都市特性。"世界性的都市生产出国际性的社会关系、实践与文化。"④ 在世界性的都

---

① 《"面向新世纪的上海人精神"在沪企业家、驻沪单位领导座谈会纪要》，《文汇报》2000 年 12 月 1 日第 7 版。

② 《面向新世纪的上海人精神》，《文汇报》2000 年 12 月 22 日第 3 版。

③ 熊月之：《异质文化交织下的上海都市生活》，上海辞书出版社 2009 年版，第 294—295 页。

④ [英]迈克·费瑟斯通：《消解文化——全球化、后现代主义与认同》，杨渝东译，北京大学出版社 2009 年版，第 161 页。

市中，出现都市人的多重认同，人们可以幸福地生活在多重认同中。研究全球复杂性的学者约翰·厄里指出："在都市里，存在着一个正在涌现的物质世界，这个世界到处充满着流动性和不稳定性，它的居民是一些'世界主义者'。"①

小　结

20世纪末，上海经过近10年的真正的开放和发展实现了再次腾飞，重新惊艳于世界，行进在全球都市转型的进程中。《文汇报》这次发动"迈向21世纪上海人精神"大讨论承继了20世纪90年代初由《解放日报》最先发起的"90年代的上海人"的话题，并且，随着国际移民城市的重返，"新上海人"的出现，报纸集中阐发了世界主义为本质的上海精神，重构了上海城市共同体的精神内涵。但这次讨论仅限于上海一家本地报刊（指《文汇报》）的介入，其影响和成效不能作过高的估计。同时，报纸对上海精神的阐发仅停留在抽象层面，对实体都市空间精神内涵的阐释并未涉及，而2003年上海本地报刊在"纪念上海开埠160周年"的报道中出现了别开生面的局面。

---

① ［英］约翰·厄里：《全球复杂性》，李冠福译，北京师范大学出版社2009年版，第41页。

第 六 章

全球化都市的渴望:纪念
"上海开埠 160 周年"

　　近百年的上海，乃是城外的历史，而不是城内的历史，真是附庸蔚为大国，一部租界史，就把上海变成了世界的城市。

——曹聚仁:《上海春秋》

　　南北分开两市忙，南为华界北洋场，有城不若无城富，第一繁华让北方。

——上海研究中心，上海人民出版社主编:《上海 700 年》

　　21 世纪初，上海历经 10 多年的快速发展，实现了再次腾飞，重返世界级大城市的地位，迈向"新型国际大都市"。并且，随着"上海经济社会的发展、消费文化的兴起以及白领等有着不同的"价值观念、文化趣味"的"新的阶层开始形成"。① 2003 年前后，在地方党报为首的报业集团下一批服务城市消费与时尚信息生活的市场化程度较高的都市报应运而生。《申江服务导报》是解放日报报业集团主办的一份面向都市年轻人和白领阶层的集新闻与服务于一体的综合性周报。② 《新闻晨报》是《解放日报》报业集团下的面向上班族的综合性都市日报，是上海第一张真

---

① 熊月之、周武主编:《上海:一座现代化都市的编年史》，上海书店出版社 2007 年版，第 609 页。
② 方仁:《扎根大上海的小圈子——访〈申江服务导报〉总编徐锦江》，《传媒观察》2006 年第 3 期。

正意义上的都市类报纸。① 被称为新移民报纸的《东方早报》于 2003 年 7 月成立，是本地报纸最为年轻的一个，定位为高品位的都市综合性日报。《新闻晚报》是隶属于《解放日报》报业集团的一份"新市民报"。《上海壹周》和《外滩画报》是上海文艺出版社创办的生活服务类周报。这样，包括"《申》报及其以上海为定冠词的周报群"在内的都市报成了"上海这座国际大都市的文化坐标之一"②。正因为都市报的出现，由于其市场化和接近市民的程度较高，因而"都市和市民在现代性背景下获得了实质性内涵"③。上海本地都市报扎根于上海都市文化，与市民的日常生活发生紧密联系，切肤感受到城市的律动和城市瞬息流动的本质，深深地嵌入了上海这个"新型国际大都市"的社会关系网络。在逢遇城市的热点时刻，成为建构上海城市共同体的重要话语力量之一。也可以说，正是因为都市报的出现，在纪念"上海开埠 160 周年"报道活动中，"都市"的制造才得以可能。

对于上海来说，2003 年是一个特殊年份，即迎来了上海开埠 160 周年。开埠对于一个都市的上海来说有极其重要意义。开埠后的上海在短短 100 年里就发展成为可以与巴黎、伦敦并称的世界级港口城市。"就历史的重要性来说，对作为现代国际都市的上海的形成和发展来说，19 世纪中叶到 20 世纪中叶的 100 多年最是关键。"④ 也就是说，开埠对上海最重要的意义就是"中国最具现代意义都市"⑤ 的诞生。在这个意义上，开埠纪念日成为上海城市的"热点时刻"。20 世纪 90 年代初期上海开埠 150 周年，尽管学界对其进行了热烈的学术讨论，但受限于城市发展阶段，以及主流意识形态对媒体的规约，大众媒介绕过了这一敏感的"热点时刻"，而是以"纪念建城 700 年"为由对开埠 100 多年的上海进行了"欲说还休"的报道和讨论。与其形成鲜明对比的是，

---

① 刘鹏：《海派文化与上海报业》，博士学位论文，复旦大学，2009 年。

② 徐锦江：《〈申〉报对策》，复旦大学出版社 2012 年版，第 55 页。

③ 孙玮：《中国现代化进程中的都市报——都市报的产生及其实质》，《新闻大学》2003 年第 4 期。

④ 李天纲：《制度造就的上海人》，《探索与争鸣》2003 年第 4 期。

⑤ 熊月之、周武主编：《上海：一座现代化的编年史》，上海书店出版社 2007 年版，第 610 页。

"在2003年11月17日——这个被历史学家确认为上海开埠160周年纪念日——前后一个月的时间里,上海报纸制造了围绕上海开埠历史生发的众声喧哗。这是一次未经事先商议,又稍有'突破禁区'的、自发式不经意酿成的'集体行动'"①。在这次建构上海城市共同体的"集体行动"中,除了都市报的重要作为之外,还有两支重要的媒介力量:一支是以由上海三联书店和《21世纪经济报道》联合创办的思想文化评论型的月刊《书城》和由上海文新报业集团主办的月刊,内容上"以介绍上海地方性知识"为主,"古今并重"②的《上海滩》为代表的小众媒介文化学术类刊物;另外一支以《解放日报》为代表的上海老牌主流大报。尽管从出场姿态和媒介叙事来看,呈现明显话语差异、分歧乃至冲突,但各家报刊都截取了自己视野中上海开埠160年以来都市性、空间性方面的一些碎片,通过这些碎片的拼图编织出上海城市共同体关于网络的图景。

第一节　重构开埠的意义

一　"开埠":国际大都市的起点

2003年,迎来了上海开埠160周年。大众媒介对"开埠"一返"回避"的常态,成为报道的"热点"话题。③ 开埠话题"脱敏",2003年11月17日前后,上海各家媒体不约而同集体纪念、呈现、叙述开埠,制造出"众声喧哗"的场景:有的是不惜动用大幅版面以专题、特刊(或别册)等形式进行报道和讨论,如《申江服务导报》等上海本地都市报以及小众媒介类杂志《书城》《上海滩》;有的是进行专版的热点跟踪报道和观点表达,如《解放日报》;有的是星星点点的呈现和叙说,如《新民晚报》《新闻午报》等。

---

① 孙玮、李美慧:《制造上海:报纸中的"上海开埠"——以2003年为例》,《新闻大学》2009年第4期,第148—155页

② 《〈上海滩〉杂志简介》,看看网,http://www.kankan.cn/Catalog/MagazineDetail.asp?MID=2717,2015年9月8日。

③ 陈江:《坦言开埠(记者对学者的专访)》,《解放日报》2003年11月26日第5版。

尽管不同的媒介在此次报道中的出场方式和媒介作为"迥然不同"①。同时，多数报刊隐隐约约地提起开埠带来了上海的殖民屈辱，但多数报刊都试图从"都市"的视角重新打量开埠。定位于地方性生产的城市报《申江服务导报》在其制作的专题《上海开埠160年特别策划——从"老外滩"到"新天地"》"开篇前言"中，主编徐锦江这样表述开埠：

> 上海有几个重要的节日。1291年上海建县，1843年11月17日上海开埠，1949年5月27日上海解放。我们对开埠日曾经讳莫如深，因为它被视作上海半殖民地历史的开端，但如果敞开"海纳百川，有容乃大"的宽阔胸襟，从开放的积极意义上去理解开埠的历史意义，则我们不能不看到，一个现代化的国际大都市离不开这个历史的起点……②

徐锦江一文表达的意思是不能把上海开埠日仅视作"上海半殖民地历史的开端"而"讳莫如深"，在新的历史语境下，更应该重新理解开埠的历史意义——"一个现代化国际大都市的历史起点"。持相似表述的有上海地方性杂志《上海滩》，在制作"海纳百川话沧桑"专辑前言中这样描绘上海开埠的历史：

> 1843年11月17日，在西方列强的武力威逼下，上海开埠。从此，上海人民在饱受屈辱和奋力反抗的同时，也吸纳了许许多多的西方文明；也正是从这时开始，上海迈出了她走向现代化国际大都市的第一步……回眸160年来上海沉重而又扎实的历史足迹……我们想起了先哲们的那句名言："海纳百川，有容乃大。"③

如果这种关于都市的表述还带有抽象的成分，另外一些都市报在专

---

① 李美慧：《创伤、记忆与共同体——本地报刊对"上海开埠"的四度建构（1843——2003）》，博士学位论文，复旦大学，2015年。
② 徐锦江：《〈申〉报：上海价值的发现者》，《申江服务导报》2003年11月12日第2版。
③ 《上海滩》"前言"，2003年第11期。

题前言中呈现出都市空间的描述，让开埠的历史顿时鲜活起来。解放日报报业集团旗下的《新闻晨报》周末版《星期日新闻晨报》在专辑"160年最上海"前言中这样描绘20世纪30年代的上海：

> 1930年代，小说家这样描述她——"上海，造在地狱上的天堂"。那时的上海是被定格的，别克汽车，Craven "A"香烟，阴丹士林布，还有高楼和绚烂的灯光。160年，从渔村到都市；160年，一个远东的神话；160年，现代化的曲折历程。……上海，一座在中国土壤上从无到有的现代化都市，一座见证中国现代化历程的城市。①

"别克汽车""高楼""绚烂的灯光"等空间的变化见证了"现代化都市"的诞生。上海文艺出版总社创办的都市报《外滩画报》在制作的专题前言中描述了开埠带来了上海崛起后现代都市空间的变迁：

> 1843年11月，英国领事馆在一座商人的住宅里开张，大批洋货随着轮船的汽笛声源源输入……上海崛起的背后，是100多年来中国历史自始至终与国际接轨，向西方学习的主旋律……160年的时空，在这座中西熔铸的城市里刻下风格迥异的雕饰。外滩钟楼，淮海路花园洋房，石库门弄堂，大光明电影院，百乐门舞厅，曹杨新村，东方明珠电视塔，新天地酒吧街，这些不同时代不同内涵的痕迹们在同一个平面相互对视着，犹如轮回。②

生活类服务周报《上海壹周》在纪念专题的封面直接以两幅地图呈现上海城市空间的版图变迁，并且把2003年的地图进行了弱化处理（图片左下角），而以大幅版面突出1898年的老地图（这张地图也被《书城》作为纪念"上海开埠160年"专题的封面，但并未解读），并加上"编者

---

① 陈佳勇：《十位女性与上海的细节》，《星期日新闻晨报》2003年11月9日第1版。
② 《外滩画报》"前言"，2003年9月11日C1版。

前言"以此来阐释"开埠"之上海城的意义：

这张上海地图绘制于 1898 年，它的全名叫《上海城厢租界全图》。选取这张老地图作为本纪念专题的封面，是因为这张图反映了 1843 年 11 月 14 日的"开埠"之于上海城的意义……上海在此前的一系列历史事件中被推上了历史的前台：中国外贸口岸重心由广州向上海的转移；西方的现代制度体系经由租界在上海得到生长；城市的中心逐渐由南市老城厢向北移，上海正由一个渔村走向"远东第一大都市"。在接下来的 100 年里，上海终于发展成为中国现代化进程中的核心地带之一。……在地图周围绘制了 80 面各国国旗和商旗，这些旗帜频频出现于当时进入上海的船舰顶端。19 世纪末的上海已经成为一个国际都市。①

开埠后"各国国旗和商旗频频出现于当时进入上海的船舰顶端"，就国际商业贸易网络的形成来看，"开埠"之上海城的意义在于"19 世纪末的上海已经成为一个国际都市"。从时间节点来看，作为此次集体纪念报道带有总结性的收尾，《解放日报》在 2003 年 11 月 26 日的"热点追踪·要闻"版面顶端以三幅图片呈现了开埠初到 20 世纪 30 年代都市空间的变迁，并把 20 世纪 30 年代的上海表述为"已具大都市气派":

开埠之初，洋货店开进了南市老城厢弄堂　　　开埠50周年时的南京路　　　上世纪30年代，上海已具大都市气派。

综上，从各家媒体出场的姿态来看，上海本地报刊在这次"集体行动"中对"开埠"重新赋予了意义，即把 1843 年 11 月 17 日上海的开埠看作是一个现代化的国际大都市的历史起点。因为当时上海正在迈向"国际大都市"，正如学者王长纬指出"中央把上海的发展目标定位于现代化国际大都市，这是由上海的历史与现实、经济与社会、地理区位以及在世界经济格局中的地位而决定。"② 而媒介的作用在于借助专家学者的出场向大众发言重构了开埠之上海的意义:"过去"就是一个国际都市。在此，媒介编织了上海城市共同体的前世今生。

二　作为都市上海的独特性

在这次媒介借由开埠对上海城市共同体想象和建构中不只是简单地怀旧，而是借助不同专家学者的出场更多关注历史的准确性和多元话语

---

① 《上海壹周》"前言"，2003 年 10 月 29 日 B1 版。

② 王长纬:《慎言建设国际化大都市》，《解放日报》2003 年 11 月 26 日第 5 版。

的表达。《解放日报》刊载上海史专家熊月之的文章从政治、经济、文化、社会生活等方面指出特殊的历史造就了上海的特殊性：法律方面，处理与华人有关案件的会审公廨，适用的并不是英国法律，而是亦中亦西；文化方面，上海并不像香港那样"唯英是从"，而是中西混合，中西并重；社会生活方面，中西风俗并存，既过春节，也过圣诞节；经济方面，"上海在中国所起的作用，与加尔各答在印度所起的作用也不同"；政治方面，"上海租界与殖民地性质是不一样。上海租界与作为殖民地的香港，在性质上有重要区别。在主权上，一是割让，一是租借，截然不同。在治权上，香港总督代表英国政府行使权力，而上海公共租界则是居民自治，掌握实权的纳税人会议和行政机构工部局，并不对英国政府负责，而是对纳税人负责"①。时隔一个月以后，《解放日报》又以"观点"的形式刊载了周武的文章，对上海都市的特殊性进行了更具体的阐发：

> 1843 年 11 月 17 日，上海依约开埠。短短数十年间，上海由一个普通的滨海县城发展成为中国最具现代性的"第一繁华商埠"。到 20 世纪 30 年代，成为与伦敦、巴黎、纽约、柏林并驾齐驱的世界性大都会。上海的崛起创造了一种独一无二的都市类型。它不是由传统的中心城市逐渐演变成近代大都市，如伦敦、巴黎；不是在主权完整的情况下形成的移民城市，如纽约；也不是完全在殖民主义者控制下发展起来的新型都市，如加尔各答和香港；而是在中西文化冲撞和交汇过程中由中外移民共同缔造的以通商为主要功能的商业巨埠。以通商为主要功能，意味着它以逸出中国传统以政治为首要功能的城市发展模式；而已租界为中心的城市格局又使它明显地区别于中国其他条约口岸城市。在这个意义上说，上海不独在中国城市史上是一个异数，在世界城市史上堪称异类。②

①　熊月之：《上海城市特质及其魅力》，《解放日报》2003 年 10 月 20 日第 13 版。
②　周武：《开埠·制度化·上海模式》，《解放日报》2003 年 11 月 20 日第 5 版。

可见,"在中西文化冲撞和交汇过程中由中外移民共同缔造的以通商为主要功能的商业巨埠"创造了上海"独一无二"的都市类型。正是这种"堪称异类"的都市形成了上海文明的特殊性。在同一个版面与周武的文章并置,以"声音"的形式刊发了王学进的文章,指出了上海文明的独一无二:"上海文明的特点可用'不中不西、中西结合'来概括。这是由于它特殊地理环境和在中国近代史上特殊遭遇所决定的。"从而使得"上海文明的多元化和芜杂性,很难用东方和西方、传统和现代的二分模式来图解"①。

同样对上海租界特殊性的阐发,作为小众媒介类文学艺术刊物《书城》在纪念专题中借助学者罗岗的出场针对媒介中对"都市西方"②的放大以及对"殖民西方"③弱化的开埠叙事进行了批判。罗岗一文用列斐伏尔的空间生产理论结合开埠中《上海土地章程》的历史阐发了上海特殊的殖民经验。指出"上海的殖民空间生产不断摧毁原有的社会关系,同时又催生出一个个符合'资本'逻辑的新的社会空间","上海与其他殖民都会一样处于'殖民化'空间的'关节点'上"。不过,由于上海特殊的历史背景,"作为一个特殊形态的'殖民地'",形成了"多样性的殖民经验"。④这样一种表述对还原上海历史的多元性进行了有益的补充,但遮蔽了上海都市性、空间性的交流内涵。

第二节　制造"外滩":从乡村景观到作为媒介的都市空间

一　作为媒介的都市空间的生长

《青年报》借助学者陈正书的研究,在这次纪念上海开埠160周年报道中以对学者专访的形式首次揭开了外滩由乡村景观发展到都市空间的

---

① 王学进:《蔚蓝色的海洋文明在召唤》,《解放日报》2003年11月20日第5版。
② [美]史书美:《现代的诱惑:书写半殖民地中国的现代主义》,江苏人民出版社2007年版,第43页。
③ 同上。
④ 罗岗:《再生与毁灭之地——上海的殖民经验与空间生产》,《书城》2003年第9期。

"秘密"。陈正书通过潜心研究上海道契，首次画出了地图，还原了 1843 年外滩的原初图景：

> 这里是富饶的田野，有村落、河流、公路、斗鸡场，甚至还有一个邑厉坛——也就是斩杀犯人的地方。……现在的圆明园路还是一片田野，虎丘路则是一条小河。①

外滩在开埠前还是一个典型的农业社会的乡村。一个乡村是如何演变为一个都市公共空间呢？由上海文新报业集团主办的月刊，内容以"介绍上海地方性知识"为主，"古今并重"的《上海滩》在其"海纳百川话沧桑"专辑中刊载了罗苏文《外滩：上海的眼睛》一文描述了外滩演变的历史。外滩开始定位是港区，后逐渐在外滩地区修筑路灯、人行道和行道树变为了"居民生活区的一部分"。② 1868 年，对外滩进行整改，有人建议将外滩定位"为适用轮船航运发展需要作航运码头之用"，曾经出任过工部局总董的金能亨对此深感忧虑，就公众利益所在的问题致信工部局：

> 英租界的外滩是上海的眼睛和心脏。它有相当长一段江沿可以开放作娱乐和卫生之用，尤其是在它两岸有广阔的郊区，能为所有来黄浦江的船只提供方便。强调外滩更适合开辟为一个公共休闲场所。……这是具有普遍利益和重要性的一件事，因此，建议所有居民团结起来保护外滩。③

强调"外滩开辟为一个公共休闲场所"，也就是要把外滩打造成提供市民生活交往的空间。当然，罗苏文一文还并未完全还原金能亨的构想，在他提出把外滩开辟为"公共休闲场所"之前还有一个想法是："利用洋

---

① 张琪：《陈正书潜心研究上海道契十余年，揭开尘封往事 开埠 54 年始有"外滩"之称》，《青年报》2003 年 11 月 17 日 A03 版。

② 罗苏文：《外滩：上海的眼睛》，《上海滩》2003 年第 11 期。

③ 同上。

泾浜至公家花园这一段堤岸作为停靠船只码头之用，航运业并不是贸易的核心，只是贸易链中低等的附属行业之一。交易所、银行、账房才是神经中枢，它们的所在地总是商业人员大量集中地点。"① 金能亨对于外滩空间的设想，体现了都市现代性的交流内涵：即由实体空间支撑的人际社会交往空间。作为"商业人员大量集中地点"的外滩维系着发达的人际公共交往。这样作为都市"眼睛"和"心脏"的外滩"渐渐变成了整个城市的传播中枢"②。按照地理学者多琳·玛西的说法："广泛社会关系网的交错（单纯的交会），不足以造就一个城市；需要的是积极活泼的互动。"③ 那么，作为"传播中枢"的外滩通过"积极活泼的互动"维系着中外贸易的"社会关系网络"促成了一个现代国际大都市的诞生。正如罗苏文一文指出："外滩是上海紧随世界都市化潮流的一个见证。"

作为媒介，外滩代表一种新型的传播方式，这个方式构筑了现代性都市文明的社会基础，展现了一种与农业文明截然不同的社会关系。④ 英租界外滩像一扇橱窗，展示了"租界与华界在市政建设上的巨大差距——包括治安管理、道路质量、地下管线系统、路灯、自来水等各个方面，这其实也就是工业文明与农业文明的根本差异"⑤。在《上海滩》制作的"海纳百川话沧桑"专辑中，邢建榕一文认为水、电、煤是上海发展的推进器。"上海开埠后，随着租界的辟设和西方侨民的不断引入，煤气、自来水和电力等西方先进技术也很快被引入上海。1865 年大英上海自来火房向公共租界正式供电，1883 年英商上海自来水厂向租界居民供水，其规模和技术水平均属世界前列。"文章借历史学家的口指出："上海之繁荣，所以冠全国，其公用事业之发达，当不失为第一大因素。"⑥ 其具体表现为：

---

① 陈丹燕：《公家花园》，作家出版社 2009 年版，第 173—175 页。

② 孙玮：《作为媒介的外滩：上海现代性的发生与成长》，《新闻大学》2011 年第 4 期。

③ ［美］朵琳·玛西、［美］约翰·艾伦、［美］史提夫·派尔主编：《城市世界》，王志弘译，台北群学出版有限公司 2009 年版，第 124 页。

④ 孙玮：《作为媒介的外滩：上海现代性的发生与成长》，《新闻大学》2011 年第 4 期。

⑤ 常青：《大都会从这里开始——上海南京路 外滩段研究》，同济大学出版社 2005 年版，第 205 页。

⑥ 邢建榕：《水、电、煤：上海发展的推进器》，《上海滩》2003 年第 11 期。

外国人在上海建立租界，开辟道路，建设水电煤等公用事业，租界显得景象灿烂，华界却是破破烂烂，上海人心有不甘。……从清光绪二十三年（1897 年）起，上海华界开始创办自己的照明系统和供水网络。……上海的租界和华界都先后建立了各自的供电供水系统，初步具备新兴都市便捷、舒适的生活环境。可算已经开始向近代化方面追求，充分显示了上海是东西方文化交汇的一个中心，以及在近代化过程中吸收优秀外来文化的本土化努力。①

按照德国学者基特勒的说法，作为传送能量的自来水、电力、道路也是信息的不同表现形式，和新闻渠道共同构筑现代城市的网络。而城市是"所有这些路径的交汇点"。在此基础上，提出了城市就是一种媒介。② "上海租界和华界建立各自的供电和供水网络，初步具备新型都市便捷、舒适的生活环境。"也即是说，作为媒介的上海编织的多重实体网络重构了都市生活。"新兴都市"照明系统的建设，从中国传统的油盏灯，到西方引进的煤油灯、煤气灯直至电灯。电灯的使用将市民的日常活动拉长，"拓展了人们夜晚活动的空间"③。公共空间的照明设施使得上海变成了东方著名的不夜城，重构了都市生活方式，丰富了市民的公共与私人交往。

"都市文明所包含的各个层面的交流关系，渐渐地在外滩生发、展开，向传统中国传递异质的都市经验。"④ 并且，"在很长一段时期内，上海作为该地区的西方资本主义的圣地，不断地向周边地区提供各种各样有关'近代'的信息"。而这种"近代"从一开始就呈现出一种世界性大都市的样态。⑤ 于是，"现代性都市，以交流作为社会的基础，这种交流以经济贸易为核心，扩散到政治、文化、社会等各领域。交流的范围

---

① 邢建榕：《水、电、煤：上海发展的推进器》，《上海滩》2003 年第 11 期。

② ［德］弗里德里希·A. 基特勒：《城市，一种媒介》，载周宪、陶东风主编《文化研究》（第 13 辑），社会科学文献出版社 2013 年版，第 255—257 页。

③ 熊月之：《照明与文化：从油灯、蜡烛到电灯》，《社会科学》2003 年第 3 期。

④ 孙玮：《作为媒介的外滩：上海现代性的发生与成长》，《新闻大学》2011 年第 4 期。

⑤ 刘建辉：《魔都上海——日本知识人的"近代"体验》，甘慧杰译，上海古籍出版社 2003 年版，第 3 页。

突破民族国家的边界，达至全球"①。《东方早报》在纪念特刊中如此表述外滩的历史与当下：

> 外滩：那些面对着百年奔流的金色楼群，目睹并记录上海近代以来历史的地方。……一整条黄浦江，到了这一段，精华汇聚了上海的味道。"无敌江景"的背后，是远东华尔街的名气，一座城市，一个东方国家，乃至整个东方的商业血管都靠这个金融心脏源源起搏输血。……昔日外滩金融街的重生和今日陆家嘴金融区的诞临，使上海再次成为了全球瞩目的金融中心。②

"港岸系统的发展，直接导致了外滩——上海最重要的都市空间的形成。"从而使得"外滩以远东著名的金融中心，变身为世界经济网络的重要节点"。"外滩，作为多重网络的重要节点，更开辟出外滩公园、滨江大道等都市空间，提供了市民公共交往的平台。这不仅催生出崭新的都市社会生活的内容，也培育了市民的公共意识，对于上海这个移民城市的城市认同具有重要意义。"③ 于是，"近代上海的外滩实现了华洋杂处的历史性跨越。人们在徜徉休闲之余，视听所及，可触摸、感觉到近代都市魅力的震撼"④。

二　制造全球地方感

在这次纪念上海开埠 160 年报道中，《申江服务导报》道出了外滩成为吸引外地人和上海人魅力的缘由，那就是作为客厅的外滩其建筑和地理环境让人感到"亲切"、"自尊"以及"温馨感"：

> 外滩迷人，中外闻名。通常认为迷人的原因是一面临水，一面是千姿百态的万国建筑，是市中心难得的多姿多彩地带。然而另外

---

① 孙玮：《作为媒介的外滩：上海现代性的发生与成长》，《新闻大学》2011 年第 4 期。
② 瞿婧宇：《海关大楼：外滩钟声由此敲响》，《东方早报》2003 年 10 月 31 日第 100 版。
③ 孙玮：《传播：编制关系网络——基于城市研究的分析》，《新闻大学》2013 年第 3 期。
④ 罗苏文：《外滩：上海的眼睛》，《上海滩》2003 年第 11 期。

一个迷人的原因是外滩的黄金"湾势",这条弧线将外滩的建筑烘托得更加有形有款。不管走在外滩的哪一段堤岸上,你都有被周边建筑环境簇拥的自尊感。景随步移,远来近去的建筑似乎都愿意向你侧一侧身,和你打一声招呼,尽管外滩建筑高大、严谨、庄重,却很亲切,这是在笔直街景中无法体会的温馨感觉,怪不得外地人来上海都愿意来这个客厅走一走,客居上海的人也时常在外滩徜徉,每次都会带来不同的感受。①

在这里,报纸赋予外滩都市空间特殊的文化意义——"客厅",即内外沟通和公共交往。也可以说,报纸赋予作为都市公共空间的外滩以媒介的意涵。其实,外滩早在 1998 年就被《申江服务导报》冠以"上海的公共客厅"的名称,称"我们发现那种无名特质生气勃发,足以振拔拥有它的这座城市市民的精神"②。公共文化成了异质型现代社会的竞技场,无论是都市的公共空间,还是包括传媒在内的社会机构,对公共生活有相对的影响力、正当性,能为市民生活提供确定的意义。③ 也就是说,都市公共空间在为市民生活提供共同的意义方面与大众媒介具有异曲同工的角色和作用,在这个意义上,城市即媒介。也如学者孙玮指出:"作为媒介的外滩,因现代性的交流本质而生成,这个意义镌刻在那些建筑物、道路、公园、纪念碑上,直达生活在这个城市的市民心中。时间流转,外滩象征的文化扎根于市民的日常生活,变成这个城市的精神气质。"④这样,实体的都市空间与抽象层面的城市文化精神深深地交织在一起,共同构筑上海城市同体。

历史学者李天纲在谈到"要把城市遗产作为新的挑战来做"时提出:"老上海遗留下来的东西,不管是帝国主义的,还是资本主义的,都是上

---

① 迪迪:《美人毕竟是美人》,《申江服务导报》2003 年 11 月 12 日第 5 版。

② 萧斐:《外滩——上海客厅的故事》,《申江服务导报》1998 年版 12 月 2 日 B2—15 版。

③ [美]托马斯·班德尔:《当代都市文化与现代性》,何翔译,载罗岗主编《帝国、都市与现代性》,江苏人民出版社 2006 年版,第 264 页。

④ 孙玮:《作为媒介的外滩:上海现代性的发生与成长》,《新闻大学》2011 年第 4 期。

海人民的，不能因为破就拆。"① 言下之意是对待城市遗产建筑物，需要去除意识形态的纷争和束缚，城市建筑物是属于城市的，是属于城市市民的。那么，城市建筑究竟对市民生活有何意义呢?《东方早报》在开埠160周年纪念报道中阐发了城市建筑对于城市市民生活特殊的意义:

> 作为细节上海的第一个组成部分，我们选择了建筑。这种选择不是出于一种对上海特有的历史的追忆，而是在于建筑本身对我们生活的参与性。它是属于每一个人的，属于不能回避的艺术，并努力地保存自己的不朽。各种各样的建筑组成了一个城市的基本轮廓，而我们所有的生活，正是建构在它们之上。②

报纸表述的意思是城市建筑不仅只是一份作为历史记忆的遗产，更重要的价值在于对于市民"生活的参与性"。现代建筑和城市空间不仅反映并影响市民对城市的感知，而且"一座城市的空间营造，则直接影响着其市民的生活方式和人际交往。对于城市环境而言，空间建构首先所要处理的，就是自然、人和建筑之间的关系。当三重元素能彼此融合，一个理想的城市关系共同体就有形成的可能"③。外滩上的"纪念物遗址聚集了迄今仍然构成了城市的所有要素，建筑物代表了各自的社会与文化，传达这个地方的混杂状态"。列斐伏尔认为纪念物有建立成员身份的功能。其意思是"纪念空间"提供了每位社会成员其身份的意象。构成了"集体镜面"，议题的关键是"承认"。一方面是一种实体"承认"，另一方面它邀请全体市民，在城市里辨认出自己，承认自身是城市的一部分。这样，纪念物承认了今日城市是随着时间演变的混合体。④ 外滩纪念物也是地理方面的混合，表达了这个地方的特殊性以及与外在世界的

① 百杨:《未来篇·东面巴黎　西面纽约，"百年上海新坐标"》，《申江服务导报》2001年11月12日第43版。
② 瞿婧宇:《海关大楼:外滩钟声由此敲响》，《东方早报》2003年10月31日第100版。
③ 谢逸遒:《城市共同体关系何以建构?——从王国伟〈城市化的权力傲慢〉说起》，《书城》2015年总第108期。
④ ［美］朵琳·玛西:《世界中的城市》，载［美］朵琳·玛西、［美］约翰·艾伦、［美］史提夫·派尔主编:《城市世界》，王志弘译，台北群学出版有限公司2009年版，第103页。

扣接，组成了"在地"与"全球"的性质。

当今处于全球化、新技术、城市化的世界浪潮下，在曼纽尔·卡斯特看来，"城市是同时被流动和地点空间的竞争性逻辑构建和再构建。它们在电子交流和物质互动的交界处被转型。但城市并没有消失在虚拟网络里"①。换句话说，信息时代的城市，流动空间并没有完全取代地方空间。相反，"建立在地域基础上的地方空间会继续存在，它依然是世界上大多数人获取个人经验和确定文化身份的空间"②。正如关注全球化的地理学者朵琳·玛西所言，"全球化并未单纯地引致同质化，社会关系的全球化，是地方特殊性的根源：地方是更大与较为在地的社会关系之独特混合的焦点。一切关系都会和此地累积的历史互动，产生更进一步的特殊性，历史本身想象为当地的联系，以及与世界的不同联系层层叠合的产物"③。同时，"地方是由人群移动经验的特殊性会遇并交织在一起的社会关系之特殊地点，从而赋予地方特殊性。地方是多重网络交织而成的特殊节点"④。作为媒介的外滩对于上海是一个特殊的"地点"。"地点不能被简单地理解为一个物理的概念，比如建筑物、遗迹或街道。我们指的地点概念，不仅是我们理解城市的基础，而且是感知其他事物的基本原则。"⑤ 作为实体空间的外滩，构筑了市民的社会交往，凝聚了集体记忆，建立了地方感。在这个意义上，在新的时代语境下，上海本地报刊在纪念"上海开埠 160 年"的集体行动中对实体空间外滩的呈现、阐释和想象不能仅仅简单地理解为对历史的追忆和怀旧，而是更好地"领会"上海，制造全球地方感。

---

① ［美］曼纽尔·卡斯特：《地方与全球：网络社会里的城市》，载孙逊、杨剑龙主编《网络社会与城市环境》，上海三联书店 2010 年版，第 10 页。

② ［美］曼纽尔·卡斯特：《信息时代的城市文化》，载汪民安、陈永国、马海良主编《城市文化读本》，北京大学出版社 2008 年版，第 360 页。

③ ［美］多琳·玛西：《全球地方感》，载［英］Tim Cresswell 主编《地方：记忆、想象与认同》，王志弘译，台北群学出版有限公司 2006 年版，第 115 页。

④ 同上书，第 113 页。

⑤ ［美］安东尼·奥罗姆、陈向明：《城市的世界——对地点的比较分析和历史分析》，曾茂娟、任远译，上海人民出版社 2005 年版，第 9 页。

第三节　都市的渴望

一　都市移民网络与海派文化的内涵

"城市是彻底开放的：城市是会遇的地方，是社会关系之地理形势的焦点。因而也是特别密集的社会互动所在。"会遇与开放，造就了城市的异质性、多样性，使其"充满难以计数的社会并置"①。"在宏大的公共空间和富有表现力的文化里，大都会在所有多样性里实现对自我的表现，构建集体意识和对差异的容忍。"② 上海作为曾经与纽约、巴黎齐名的国际化都市，"世界主义"成为其闻名四海的标志。③ 在这次上海本地报刊以"纪念开埠160周年"为由制造的"众声喧哗"的集体行动中，从报道时机来看，《解放日报》刊载了以记者陈江对上海史学专家熊月之的专访作为整个报道建构上海城市共同体的收尾文章，并且以"热点追踪·要闻专版"的形式呈现。其专访的内容就上海城市的特殊性、上海租界的双重性以及开埠与上海城市发展等问题进行了说明。报纸的主导话语是向世界的"开放"，盛赞"世界主义"的上海精神：

> 当时上海这个地方是个远离政治中心的生意码头，南来北往，五方杂处。……上海始终理性地保持与外国的交往，与世界的联系，一跃成为最具活力的城市。……开埠的一个多世纪告诉我们——开放，势在必然。④

在这次专访中，党报记者与上海史学者"竟夜长谈"，"坦言开埠"。报纸呈现的主导话语"开放，势在必然"。说明党报立足城市主动参与建

---

① ［美］朵琳·玛西、［美］约翰·艾伦、［美］史提夫·派尔主编：《城市世界》，王志弘译，台北群学出版有限公司2009年版，第2页。

② ［美］托马斯·班德尔：《当代都市文化与现代性》，载罗刚主编《帝国、都市与现代性》，江苏人民出版社2006年版，第267页。

③ 唐振常：《近代上海繁华录》，香港商务印书馆1993年版，第94页。

④ 陈江：《坦言开埠》，《解放日报》2013年11月26日第5版。

构"世界主义"是上海精神之本质，而不只是知识精英突破禁区的学术表达，作为代表上海市委宣传口径的《解放日报》实现了第一次主动打开国门之后对"开埠"报道的历史性突破。

相似的报刊话语表述也在立足上海本地的都市报《申江服务导报》"上海开埠 160 年特刊"中得以呈现。"开埠为什么是外滩"一文被放置在特刊第一版块"时空篇·日常上海"的开篇处，文章将外滩的特质归结为"开放"，但在一段历史时期"上海成为了一个内港，它的发展进程在'闭关'中拖延"。如今，"随着上海的全面开放，又开始扬帆出航，通达东南西北洋。'开放'不仅是历史趋势，而且是人的生存本能"①。同样隶属于解放日报报业集团的都市报《新闻晨报》周末版更是借上海本土作家陈丹燕之口直接道出上海是一个独一无二的世界主义城市中诞生的混血儿：

> 上海从来就是一个有渴望的城市，所以它从来就没有江南的宁静冲和之气，离开中国古典诗词的境界极其遥远。它是在一个被强加的世界主义的环境中诞生的一个混血儿。……它与中国其他城市的不同，也来自于它与世界其他城市的不同，它是独一无二的世界主义的城市……上海对世界主义，或者说普世文明，或者说全球化的渴望，是真正发自内心的。上海向世界飞奔而去，这就是为什么如今上海会惊人发展的原因。②

和世界交流而不是隔绝，这就是上海成长的关键。100 多年前上海成为通商口岸的原因——开放和自由，是上海现代性的遗物，它在 20 世纪末死灰复燃。③ 其实，从传播的视角视之，"上海的繁荣来自海事时代激发的全球性交流，交流一旦展开，它散发出的社会能量超过任何人的控制。上海的生命力在于各个层面的传播"④。作为上海新移民报纸《东方

---

① 李天纲：《开埠为什么是外滩》，《申江服务导报》2003 年 11 月 12 日第 5 版。
② 陈丹燕：《都市的渴望》，《星期日新闻晨报》2003 年 11 月 9 日第 24 版。
③ 陈丹燕：《外滩：影像与传奇》，作家出版社 2008 年版，第 65 页。
④ 孙玮：《作为媒介的外滩：上海现代性的发生与成长》，《新闻大学》2011 年第 4 期。

早报》在特刊前言中的表述是"世界文明"：

> 处于一片大陆的东方，注定了它身体之中血液的东西交融。背靠着整个大陆，各地物产源源而来，在这里，需要一个突破点。而突破点显然是双向意义上的，从一个孔道之中涌入的世界文明，一下子潜入整个城市的心里底层。①

"世界主义为本质"的上海精神与城市空间开放的密集状态紧密相关。正是开埠带来上海城市的开放交流性，从而造就了都市的"社会流动"。而"社会流动成为城市的基本命脉"。②"城市是各种流动互相交换的场所。身体、自我、城市和社会都被视为是更具本质性的流动。"③由于一些偶然的历史原因，近代上海成了"华洋混处"、"五方杂处"高度流动的异质性城市。上海既是国内人流交合中心，也是全世界人际交流网络的节点。在这次纪念上海开埠报道中，《新闻晚报》开辟了一个主题名为"上海·流动"，把作为移民城市的上海视为一种流动：

> 开埠后对外贸易的增加，成为上海近代化飞跃的基础，也为各地移民创造了大量的就业机会。就从那时起，一拨接一拨的外来移民来到上海，使它成了远东第一大移民城市。④

这样，上海成了"一个移民流动的城市。……每一个地方来的人都带来了一种文化，一种做派。五方杂处，海纳百川，上海人从一开始就成为一群具有高度流动性的人"⑤。正因为如此，作为上海城市共同体的主体"上海人"的边界经由报纸在这次纪念报道活动中得到了重新划定：

---

① 《东方早报》编辑部：《海纳百川　追求卓越》，《东方早报》2003 年 10 月 31 日第 1 版。

② 常青：《大都会从这里开始——上海南京路外滩段研究》，同济大学出版社 2005 年版，第 42 页。

③ ［英］约翰·厄里：《全球复杂性》，李冠福译，北京师范大学出版社 2009 年版，第 45—46 页。

④ 周振鹤：《上海移民速度惊人》，《新闻晚报》2003 年 11 月 14 日第 1 版。

⑤ 周璨：《上海·流动》，《新闻晚报》2003 年 11 月 14 日第 1 版。

开埠使上海跌进了一场广大的社会运动，"上海人"的概念也宽泛起来。从那时候起的"上海人"就应该包括本地人、外省移民和东西方国家的侨民，曾经有很多久居上海的"外国人"自认为"上海人"。①

同是学者李天纲的发言，文化艺术类杂志《书城》在纪念专题中对"上海人"有相似的表述：

上海租界，"十里洋场"，其实是上海华人和外国侨民一起创造出来的。……"上海华人"和租界侨民一起创业，有时龃龉，有时合作，共同造就了100年的上海历史，都是"上海人"。②

这样，中外移民的"华洋杂居，五方杂处，尽管其中有许多不和谐与矛盾，最后被融入共同的社会生活"③。由此，形成了独特的上海城市共同体认同，其独特性在于造成了"上海人"的独一无二——一种结合"全球性"和"本土性"的"新上海人"。④ 到中华人民共和国成立前，上海号称有600万人口，全都是自发的移民。……如此多的移民涌入上海这片几乎一片空白的土地，谁是龙头老大呢？谁也不是。所以，无论是处事的游戏规则，还是深深影响各个族群的文化，只有互相容忍。于是有了"海纳百川"。其实谁都不情不愿，但是不纳不行。⑤ 移民网络影响了城市的文化与社会混合，结果在城市里造成了新的社会地理，以及新的时间和空间。⑥《东方早报》在纪念特刊的文化地理版块如此表述"南京路"：

---

① 李天纲：《"开埠纪念"的纪念》，《上海壹周》2003年10月29日B2版。

② 李天纲：《从"种族隔离"到"华洋杂居"》，《书城》2003年第9期。

③ 唐振常：《近代上海繁华录》，香港商务印书馆1993年版，第37页。

④ 李天纲：《谁的上海？——近代上海社会的主体性问题》，《文汇报》2010年4月14日第12版。

⑤ 闻佳：《海纳百川　不纳不行——访复旦大学历史系教授葛剑雄》，《申江服务导报》2003年11月12日第22版。

⑥ ［美］迈可·普瑞克：《论城市的开放性》，载［美］约翰·艾伦、［美］朵琳·玛西、［美］迈可·普瑞克《骚动的城市》，王志弘译，台北群学出版有限公司2009年版，第371页。

南京路，这条马路在过去一百多年里代表了上海，在此之后，依旧是上海的象征。……中国最负盛名的街道之一，从东向西的空间记忆与上海历史的时间变化结合在一起。……南京东路体现的是上海海纳百川的城市特性。①

由此，因开放性流动形成的城市移民网络，以"海纳百川"著称的世界主义为本质的上海精神成了上海城市共同体的精神内涵。

二　商业都市与市民意识的形成

"在近代中国的社会历史中，市民早就露过身影，各种市民团体也曾在政治、经济、文化舞台上，都有过可圈可点的表演。特别像上海，它是有过丰富多彩的'城市社会'的历史。"② 近代上海对中国社会的意义，"不仅仅是建立了一套与中国古代城市完全不同的城市市政建设和管理制度，更为重要的是，它在构筑近代城市物质形态的同时，也造就和培养了近代的市民意识：公共概念、公共意识"③。在这次报道中，就报刊呈现的内容来看，《东方早报》把这种市民意识定位为"上海素质"，《新闻晚报》把它描述为"上海·规矩"，《申江服务导报》把它表述为"城里的规矩"，市民意识成了上海区别其他城市所特有的文化积淀。这种市民意识的形成与上海开埠造就了一个真正意义上的商业都市有关。隶属解放日报报业集团的都市报《新闻晚报》直接把"开埠第一课"表述为"商业精神"：

上海在开埠很久前是一个默默无闻的小县城，面临大海的地理位置，终于使其在 160 年前的一个日子里，向世界敞开了自己的胸怀。没有一夜成名暴发户式的窃喜，也没有诚惶诚恐的怯懦……第一脚踏上中国母亲河——长江入海口土地，是乘着轮船舶来的商业文明。……在最初简陋的上海港，千帆飘飘，一艘艘轮船在这里吞

①　严悦：《南京东路：东成西就的两种风韵》，《东方早报》2003 年 10 月 31 日第 36 版。
②　陈映芳：《上海的明天：市民与城市社会》，《档案与史学》2003 年第 5 期。
③　唐振常：《市民意识与上海社会》，《上海社会科学院学术季刊》1993 年第 1 期。

吐着货物，奠定着上海以转口贸易、对外贸易为基础的经济形态。上海到 19 世纪 90 年代才有工业企业出现，但本质上仍是为商业贸易服务。商业精神开始成为整个社会主导价值观。①

上海开埠，带来了"乘着轮船舶来的商业文明"，结果是"商业精神开始成为整个社会主导价值观"，从而形成了上海城市的市民特性。《新闻晚报》在这次纪念报道中还开辟了个专题"上海·规矩"，在专题版面引用学者倪正茂的观点，认为"上海市场经济的发展比全国大部分城市都早，且全面。如果没有法律等各种规则的规范调节，市场经济的各项活动就无法开展。守规矩、讲法律是市场经济所需要的性格"②。守规矩的市民性格与上海开埠后形成的城市历史有关：

> 规矩与上海开埠以来"五方杂处"的环境是不无关系的。历史上，无论是中央政府、地方政府，还是外国列强、国内商贾，各方在上海都没有绝对的权威，谁也"吃不牢"谁，如何相互共处是个棘手问题。规则就显得十分重要了，大家只能通过平等谈判得来的契约关系来维系各自的利益。长此以往，上海人就成了最守规矩、最讲究按规则办事的代名词了。"守规矩"是市场经济的本质要求，也是传统社会在现代化过程中社会生活理性化的必然产物。上海经济的发展和国际化进程的如此快速，与其"守规矩"、重契约的精神是完全相辅相成的。③

守规矩重契约的市民精神在上海很有基础。发生在 20 世纪 80 年代末的踩踏事件就表明了这点。"上海大雾笼罩黄浦江上，早上许多职工从浦东摆渡到浦西赶去上班，因为抢着过江，结果发生混乱，踩死了 13 人……从文化观念上看，制约上海人的主要还是一种遵守契约的精神，

---

① 《开埠第一课：商业精神》，《新闻晚报》2003 年 11 月 14 日第 2 版。
② 倪正茂：《上海比较守规矩》，《新闻晚报》2003 年 11 月 14 日第 3 版。
③ 同上。

他们觉得既然拿工资就应该准时上班，不能因为外界因素就随便迟到。"①

《东方早报》援引周武的话，指出中西文化碰撞产生的重要结果就是形成了"市民公共意识"。这种意识大到包括"契约意识、权义平衡、诚信意识"，小到"走路靠右行"，"什么时候倒垃圾"等，"规范化可以降低成本，这对于一座商业城市来说是至关重要的"②。也就是说，公共意识是一种"都市商业精神"的表现。《申江服务导报》在开埠特刊中一个主题是"城里的规矩"：

> 没有规矩，不成方圆。大上海若无规矩，则天不圆地不方，不足以成为世界名城。……上海人行为方式，之所以特立于全国，确是和讲究了 160 年的规矩密不可分。名城的市民便是这样诞生。③

侨民带来的"城市里的规矩"使租界"一派新气象"，"一些原本反对的人，现在也对这些'紧箍咒'大加赞赏"，"上海的市民意识发端于此"。④《东方早报》的"碰撞"，《申》报的"紧箍咒"话语映射了开埠以来城市现代性进入后造成的城乡社会观念冲突，但随后在城市的发展中被消解了。最后，"上海市民日趋健全的市民意识、法治意识、公共秩序意识、城市卫生意识，都是上海对西方物质文明与精神文明认同的表示，都是中西文化平静而深层次交流的结果"⑤。就此，报纸基于上海的市民意识编织城市共同体的认同。

小　结

21 世纪之初，上海"重新站起，并且与多种全球循环回路接轨"⑥。

---

① 朱强：《"新上海人"：没那么简单》，《南方周末》2001 年 10 月 18 日第 22 版。

② 《上海素质》，《东方早报》2003 年 10 月 31 日第 6 版。

③ 阿弥：《1860 年代城里的规矩》，《申江服务导报》2003 年版 11 月 12 日第 7 版。

④ 同上。

⑤ 熊月之：《上海城市特质及其魅力》，《解放日报》2003 年 10 月 20 日第 13 版。

⑥ ［美］丝奇雅·沙森：《全球城市：纽约、伦敦、东京》，周振华等译，上海社会科学院出版社 2005 年版，第 5 页。

同时，随着国家主流意识形态的局部转向以及都市报的崛起，作为有着世界城市悠久历史的上海经由媒介重新打量、想象和重构。2003 年在上海本地报刊以"开埠"为由制造"众声喧哗"的集体行动中，地方报刊借助众多专家学者的出场以大众语言的形式通过重新打捞开埠的历史，制造作为媒介的外滩，涌现出全球化都市的渴望。由此，媒介编织了上海城市和人的前世今生，上海与国家，上海与世界等多重关系，媒介制造的"开埠"成了想象"象征性的全球城市"① 的历史资源，以此建构独特的上海城市共同体。当然，就此次媒介的作为来看，并非毫无瑕疵，整体上缺乏对上海文化有力的反省和批判。有学者直言，称"由媒体大规模运作的怀旧，最大的伤害是掩盖了上海文化多元的实质"，作为公共领域的媒体"有责任反映社会各阶层的利益需求，特别是底层社会被遮蔽的声音。"② 毕竟，一个有效的共同体必须落实多样性。

---

① ［美］丝奇雅·沙森：《全球城市：纽约、伦敦、东京》，周振华等译，上海社会科学院出版社 2005 年版，第 5 页。

② 许纪霖：《还原上海文化的多元存在》，《解放日报》2003 年 11 月 20 日第 5 版。

结　语

一个全球化的中国都市的再生产

一　上海都市经验的价值

如何重新理解"中国"，已成为中国知识界抵制全球化、倡导文化自觉的一个基本命题。长期以来国内外学术界、思想界将"乡土中国"等同于传统中国，以"乡土性"概括中国传统性，著名学者陈映芳对这种中国观的形成机制进行了反思性探讨："近代中国的思想家和中西方人类学家、社会学者们借助于西方现代社会科学来建构'中国社会'的过程，其实也是他们参照'现代的、城市的西方'，将既有的中国裁剪、过滤成'传统的、乡土的中国'的过程。在这个过程中，中国城镇社会、城乡关系的传统以及传统的城市性被遮蔽。"① 也就是说，"乡土性"和"城市性"才能构成完整意义上的"中国"。

如果从整个中国"都市"② 发展历程来看，早在商、周、春秋和战国时代，都市（城邑）已成为规定人们社会生活和经济生活的中心。4000多年的中国都市史在时间上可以整齐地划分为二，前半部分为邑制都市时期，后半部分为县制都市时期。中国在全国各地建设县城的努力是从公元前221年秦朝实行郡县制开始，到清末已得到普及。随着邑制国家（都市国家）向郡县制国家（领土国家）的大过渡，官僚体制所具备的统制色调笼罩了都市。中国的都市在唐之前被政府严格管理，进入宋代后

---

① 陈映芳：《传统中国再认识——乡土中国、城镇中国及城乡关系》，《开放时代》2007 年第 6 期。

② 按照日本学者斯波义信的对"都市化"的理解，专指从一种农业性景观发展为都市聚居地的变化过程。参见［日］斯波义信《中国都市史》，布和译，北京大学出版社 2013 年版，第 5 页。

突变为以工商业者和市民的旺盛活动为主色调。[①]　中国古代史研究专家李孝聪认为："中国城市在宋代完全可以走向一个欧洲那样发展的道路，但这种城市发展的历史被蒙古打断，明清时期修长城、实行海禁，都是为了巩固政权的需要。中国王朝在城市规划建设的时候不考虑经济功能，这种情况下，中国古代城市是军事和政治性的。"[②]　历史地理学者周振鹤也指出："在传统中国，城市的发展有几条重要的途径，一是行政中心，二是由军事地位，三是由交通枢纽，近代还有因矿产资源、旅游胜地而来的发展变迁。但如上海则是一个全新的地域里因为外来移民（包括外国移民与中国本土其他地区的移民）的迁入以及西方城市建设与生活方式的引进而凌空出现的。其发展自然以经济因素居多，但却不是中国的传统手工业及商业的经济所催生。"[③]　也就是说，近代上海都市的出现标志着中国城市真正走向商业化。

1291 年，上海县的建立不但是上海城市已经形成，或者说是上海建城的标志，更重要的是对上海城市的发展有至关重要的意义。其意义在于上海城市迅速发展，至明清时期成为"江海之通津，东南之都会"。[④]上海县的建立为后来上海的跃进奠定了基础。"在整个中国社会由中世纪向近代化转变的过程中，上海脱颖而出，一跃成为世界性的重要港口城市。"[⑤]　而上海的突变在于鸦片战争后的开埠。从行政建制上看，上海直到清末依然是松江府辖下的一个县。但城市形态发生了根本性的变化：租界的设立，"城外城"呈现出一种全新的"近代化的城市形态"。这形态在中国过去的任何地方从未以这种形式出现过。[⑥]　即开埠对上海最重要

---

①　[日] 斯波义信：《中国都市史》，布和译，北京大学出版社 2013 年版，第 1、3、17、30 页。

②　黄晓峰：《李孝聪谈中国古代的城市空间》，《东方早报》2015 年 6 月 28 日 B01 版。

③　周振鹤：《城外城——晚晴上海繁华地域的变迁》，载复旦大学文史研究院编《都市繁华——1500 年来的东亚城市生活史国际学术研讨会会议论文集（下卷）》，都市繁华——1500 年来的东亚城市生活史复旦大学国际学术研讨会，复旦大学，2010 年，第 373 页。

④　同上书，第 361、362 页。

⑤　唐振常：《近代上海繁华录》，香港商务印书馆 1993 年版，第 11 页。

⑥　周振鹤：《城外城——晚晴上海繁华地域的变迁》，载复旦大学文史研究院编《都市繁华——1500 年来的东亚城市生活史国际学术研讨会会议论文集（下卷）》，都市繁华——1500 年来的东亚城市生活史复旦大学国际学术研讨会，复旦大学，2010 年，第 362 页。

的意义就是"中国最具现代意义都市"① 的诞生。开埠使上海被动卷入了全球化进程。"全球的商业和文化力量使民国上海溢出了古老中国的脉络。"正因如此，"民国上海不仅是中国的一部分，同时也是由跨越民族边界的全球力量重塑的城市。"② 但近代上海"是世界性与地方性并存，一头连着东西洋各国，一头连着中国各地"③。近代上海是全球都市网络和乡村"地缘网络"④ 交汇的中心，成了一个全球化的中国都市。

研究世界历史的麦克尼尔（J. R. McNeil&W. H. McNeil）指出，最近160 年来，"全球网络"正在持续形成中，城市化正是这一时期显著的特点。⑤ 在千年之交，人类正经历着历史上最大的城市化浪潮，曼纽尔·卡斯特命名为"都市星球"，出现了新的全球地理，城市成了全球网络的节点。⑥ 也如经济学家周振华指出，"从经济、社会发展看，世界将进入以城市为中心的运行系统：城市间经济网路开始主宰全球经济命脉，使若干世界性的节点城市成为在空间上超越国家的实体，并逐渐形成多级的、多层次的世界城市网络体系"⑦。21 世纪之交，就上海城市发展来看，这个早在100 多年前就经历了第一次全球化的东方民族国家的城市开启了新一轮全球化的进程，上海重返世界舞台，开始了"上海再造"。其宏伟目标是要把"上海建设成国际经济中心、金融中心、贸易中心、航运中心的现代化国际大都市"⑧，并迈向"全球城市"⑨。意味着未来的上海要成为全球交流网

---

① 熊月之、周武主编：《上海：一座现代化的编年史》，上海书店出版社2007 年版，第 610 页。

② Wen-Hsin Yeh，"Shanghai Modernity：Commerce and Culture in a Republican City"，*China Quarterly*，Vol. 150，No. 2，June1997，pp. 375 – 394.

③ 熊月之：《乡村里的都市与都市里的乡村》，《文汇报》2008 年10 月4 日第 6 版。

④ ［美］顾德曼：《家乡、城市和国家——上海的地缘网络与认同》，宋钻友译，上海古籍出版社2004 年版。

⑤ ［美］约翰·R. 麦克尼尔、威廉·H. 麦克尼尔：《人类之网：鸟瞰世界的历史》，王晋新、宋保军等译，北京大学出版社2011 年版，第 3 页。

⑥ ［美］曼纽尔·卡斯特：《信息时代的城市文化》，载汪民安、陈永国、马海良主编《城市文化读本》，北京大学出版社2008 年版，第 348—351 页。

⑦ 周振华：《译者序》，载［美］丝奇雅·沙森《全球城市：纽约、伦敦、东京》，周振华等译，上海社会科学院出版社2005 年版，第 1 页。

⑧ 董瑞华：《贯彻"十五"计划纲要　着力提高城市综合竞争力》，《党政论坛》2001 年第 3 期。

⑨ 周振华、熊月之等主编：《上海：城市嬗变及展望·下卷——全球城市的上海（2010—2039）》，上海人民出版社2010 年版，第 3 页。

络中的巨型节点，连接全球和地方。而地方与全球的关系在世界范围内出现了重组，研究全球化的学者约翰·厄里称之为"全球地方世界主义"（glocallized cosmpolianism），这"涉及对地方特殊性的理解、各地方特异性之间的相互连接以及对复杂性威胁和全球化机遇的回应"，它超越了"全球与地方、遥远与近邻、普遍与特殊"之二元对立的关系。①

　　在这样一种历史语境下，本书通过考察在上海经历新一轮全球化的起始、发展过程中，上海本地报刊如何呈现和编织上海城市共同体的"独特性"和"发展轨迹"深具意义。20 世纪 80 年代改革开放初期处于"后卫"② 位置的上海其城市性全面衰落，但保持了"海派文化和市民文化价值、品性"③ 的上海主流大报借助知识精英的出场开展了"上海病"、为"海派"正名以及"洋奴之辩"的媒介讨论，激发了公共议题，形成了长时段的几波讨论热潮，曾经隐伏于市民日常生活中的海派意识和崇洋特性经由传播浮出历史地表，初步修复了上海现代性。20 世纪 90 年代前期是上海腾飞的初始阶段，随着城市的转型，承继 20 世纪 80 年代报纸对上海现代性的修复之后，上海本地报刊（包括非主流报纸）开始了上海城市共同体的新一轮的重构。如果说 20 世纪 80 年代"大上海沉没"意味着曾经作为一个重要节点的上海在中国和世界城市网络中的"缺席"④，而 1991 年以"纪念上海建城 700 年"为由，上海地方报纸通过知识精英的发言利用大众传播的力量以大众听得懂的方式"适当"的想象、生产和协商上海在世界城市网络中的节点位置，并重构了都市—乡村混合体的近代上海都市特性，意味着作为"城市"的上海经由大众媒介的传播初步浮现。在此前后，几乎裹挟上海本地所有大众媒介（包括广播和电视）跨越城市不同社会阶层持续数年对"上海人"的制造，成为全国一个独特的媒介现象，意味着城市共同体主体意识的觉醒。21 世纪之初，上海"重新站起，

---

① ［英］约翰·厄里：《全球复杂性》，李冠福译，北京师范大学出版社2009 年版，第 172 页。

② 熊月之、周武主编：《上海：一座现代化的编年史》，上海书店出版社 2007 年版，第 563 页。

③ 杨东平：《城市季风：北京和上海的文化精神》，新星出版社 2006 年版，第 264 页。

④ ［美］曼纽尔·卡斯特：《网络社会的崛起》，夏铸九、王志弘等译，社会科学文献出版社 2001 年版，第 569 页。

并且与多种全球循环回路接轨。"① 同时，随着国家主流意识形态的局部转向以及都市报的崛起，作为有着世界城市悠久历史的上海经由媒介重新打量、想象和重构。2000年，《文汇报》发起"迈向21世纪上海人精神"大讨论，以"新上海人"为主要议题，报纸在抽象层面集中阐发了"世界主义"为本质的上海精神，以此重构上海城市共同体的精神内涵。2003年，迎来了上海开埠160周年，上海本地报刊（包括都市报）在前后一个月的时间以开埠为由制造"众声喧哗"的集体行动，借助众多专家学者的出场以大众语言的形式通过重新打捞开埠的历史，制造作为媒介的外滩，涌现出全球化都市的渴望，媒介制造的"开埠"成了想象"象征性的全球城市"② 的历史资源。就此，由三个维度（上海城市共同体的内核——海派所代表的"上海现代性"；上海城市共同体的主体——"上海人"；上海城市共同体的精神内涵——"上海精神"）构成的具有"全球性"③ 和"本土性"④ 的世界上"独一无二"的上海地方城市共同体的历史文化脉络经由传播清晰地浮现出来，意味着一个全球化的中国都市的再生产。

二　媒介和城市关系的再认识

从媒介与城市关系来看，在上海"再全球化"过程中，媒介编织了上海"城市和人"的前世今生，编织了上海与乡村，上海和国家、上海与世界等多重关系网络。这可以推进我们对媒介和城市关系的理解。如果从学科建制意义上的传播学理论源头之一的芝加哥学派关于媒介和城市关系的论述来看，帕克等大师们把媒介（报纸）作为信息传递的工具整合处于离散状态的大都市。⑤ 这是典型的媒体的"真实—再现"理论范

① ［美］丝奇雅·沙森：《关于上海作为全球化城市的思考》，载［美］丝奇雅·沙森《全球城市：纽约、伦敦、东京》，周振华等译，上海社会科学院出版社2005年版，第5页。
② 同上。
③ 李天纲：《谁的上海？——近代上海社会的主体性问题》，《文汇报》2010年4月14日第12版。
④ 同上。
⑤ ［美］R. E. 帕克：《城市：对于开展城市环境中人类行为研究的几点意见》，载［美］R. E. 帕克、［美］E. N. 伯吉斯、［美］R. D. 麦肯齐《城市社会学——芝加哥学派城市研究》，宋俊岭、郑也夫译，华夏出版社2012年版，第40页。

式，城市是外在的客观世界，报纸是再现城市的工具，媒介与城市是分离的。现代城市正是芝加哥学派考察报纸社会角色与功能的历史场景，报纸与城市之关系是芝加哥学派城市研究的重要前提，但这种关系是一种外在工具性的功用关系。彼时的传播也停留在信息传递的层面，而不是"意义的建构与共享"①。媒体再现的理论范式缺乏内在关系的视角。距离芝加哥学派关于媒介（报纸）与城市关系的论述已经过去近 100 年，在全球化、城市化、新技术时代，城市与媒介的关系发生了巨变。被称为"数字时代德里达"媒体理论家基特勒（Fredirch Kittler）从哲学意义上思考媒介是一种中介关系（mediatic relation），认为城市是一种聚合多重网络的介质，断言：城市，是一种媒介。② 面对都市文明的挑战，新都市社会家曼纽尔·卡斯特提出："城市在一种新的技术范式中必须变成超级沟通的城市，通过各种各样的交流渠道（符号的、虚拟的、物质的），既能进行局部交流也，然后在这些渠道之间架起桥梁。"③ 也就是说，在曼纽尔·卡斯特视野中，城市要成为一种交流系统。晚近，横空出世的新媒体理论学者斯科特·麦奎尔更是强劲地挑战了媒体再现理论范式，不再把"媒体视为某种与城市相分离的事物"，认为"现代社会生活的空间体验经由建筑结构与都市领地、社会实践和媒体反馈之间的错综复杂的相互构造过程而崛起。当代城市是个媒体—建筑复合体（meidia-architecture complex），它源于空间化了的媒体平台的激增和杂合的空间整体的生产"④。也就是说，媒介是城市的一部分，媒介与城市是一种嵌合的关系。尽管本论文主要关注的是报纸（斯科特·麦奎尔关注的是电子和数字媒介），但从报纸对作为媒介的都市空间的想象以及对抽象层面的精神文化的阐释来看，上海本地报刊（尤其都市报的出现）在城市的"热点

① 赵雅丽：《实践取向的华人传播研究——意义科学的观点》，载黄旦、沈国麟主编《理论与经验——中国传播研究的问题与路径》，复旦大学出版社 2013 年版，第 121—122 页。

② ［德］弗里德里希·A. 基特勒：《城市，一种媒介》，载周宪、陶东风主编《文化研究》（第 13 辑），社会科学文献出版社 2013 年版，第 255—257 页。

③ ［美］曼纽尔·卡斯特：《信息时代的城市文化》，载汪民安、陈永国、马海良主编《城市文化读本》，北京大学出版社 2008 年版，第 360—362 页。

④ ［澳］斯科特·麦奎尔：《媒体城市：媒体、建筑与都市空间》，邵文实译，江苏教育出版社 2013 年版，第 1 页。

时刻"嵌入了上海城市共同体的多重社会关系网络。

从作为媒介（实体和虚拟）的城市来重新理解传播，可以打开传播学研究的新视野：传播、媒介不只是被政治、经济所决定，不只能从功能层面来理解，还可以从文化层面来理解传播，传播生成了意义，编织了跨越时空的城市共同体意义网络，这关系到普通市民的"共在"。

参考文献

一 基本资料

（一）报纸杂志类

《解放日报》《文汇报》《新民晚报》《青年报》《新闻报》《上海文化报》《社会科学报》《申江服务导报》《东方早报》《新闻晨报》《新闻晚报》《上海壹周》《外滩画报》《书城》《上海滩》《上海文化》《上海文化年鉴》等

（二）数据库

解放日报报业集团报纸全文数据库；文汇—新民报业集团报纸全文数据库；

二 书目

（一）理论著作

［澳］斯科特·麦奎尔：《媒体城市：媒体、建筑与都市空间》，邵文实译，江苏教育出版社 2013 年版。

包亚明：《现代性与空间的生产》，上海教育出版社 2003 年版。

［德］斐迪南·滕尼斯：《共同体与社会：纯粹社会学的基本概念》，林荣远译，北京大学出版社 1999 年版。

［德］哈拉尔德·韦尔策：《社会记忆：历史、回忆、传承》，季斌、王立君、白锡堃译，北京大学出版社 2006 年版。

［德］马克斯·韦伯：《非正当性的支配——城市的类型学》，康乐、简惠美译，广西师范大学出版社 2005 年版。

［法］莫里斯·哈布瓦赫：《论集体记忆》，毕然、郭金华译，上海人民出

版社 2002 年版。

黄旦、沈国麟主编：《理论与经验——中国传播研究的问题及路径》，复
旦大学出版社 2013 年版。

黄旦主编：《城市传播：基于中国城市的历史与现实》，上海交通大学出
版社 2015 年版。

李欧梵：《上海摩登——一种新都市文化在中国》，毛尖译，人民文学出
版社 2010 年版。

陆晔主编：《中国传播学评论（第五辑）——交往与沟通：变迁中的城
市》，复旦大学出版社 2012 年版。

吕新雨等主编：《大众传媒与上海认同》，上海书店出版社 2012 年版。

罗岗：《想象城市的方式》，江苏人民出版社 2006 年版。

罗岗主编：《帝国、都市与现代性》，江苏人民出版社 2006 年版。

［美］R. E. 帕克、［美］E. N. 伯吉斯、［美］R. D. 麦肯齐：《城市社会
学——芝加哥学派城市研究》，宋俊岭、郑也夫译，商务印书馆 2012
年版。

［美］埃弗里特·M. 罗吉斯、［美］拉伯尔·J. 伯德格：《乡村社会的变
迁》，浙江人民出版社 1998 年版。

［美］爱德华·索亚：《第三空间——去往洛杉矶和其他真实和想象地方
的旅程》，陆杨等译，上海教育出版社 2005 年版。

［美］安东尼·奥罗母、陈向明：《城市的世界——对地点的比较分析和
历史分析》，上海人民出版社 2005 年版。

［美］保罗·M. 霍恩伯格、［美］林恩·霍恩·利斯：《都市欧洲的形成：
1000—1994》，阮岳湘译，商务印书馆 2009 年版。

［美］本尼迪克特·安德森：《想象的共同体：民族主义的起源与散布》，
吴叡人译，上海世纪出版集团 2011 年版。

［美］大卫·哈维：《巴黎城记：现代性之都的诞生》，黄煜文译，广西师
范大学出版社 2010 年版。

［美］戴安娜·克兰：《文化生产：都市艺术》，赵国新译，译林出版社
2001 年版。

［美］朵琳·玛西、［美］约翰·艾伦、［美］史提夫·派尔：《城市的世

界》，王志弘译，台北群学出版有限公司 2009 年版。

［美］卡尔·休斯克：《世纪末的维也纳》，李锋译，江苏人民出版社 2007
年版。

［美］理查德·桑内特：《公共人的衰落》，李继宏译，上海译文出版社
2008 年版。

［美］刘易斯·芒福德：《城市发展史：起源、演变和前景》，宋俊岭、倪
文彦译，中国建筑工业出版社 2005 年版。

［美］刘易斯·芒福德：《城市文化》，宋俊岭、李翔宁、周鸣浩译，中国
建筑工业出版社 2009 年版。

［美］罗伯特·W. 麦克切斯尼：《传播革命》，高金萍译，上海译文出版
社 2009 年版。

［美］曼纽尔·卡斯特：《认同的力量》，曹荣湘译，社会科学文献出版社
2006 年版。

［美］曼纽尔·卡斯特：《网络社会的崛起》，夏铸九、王志弘等译，社会
科学文献出版社 2001 年版。

［美］史书美：《现代的诱惑：书写半殖民地中国的现代主义（1917—
1937）》，何恬译，江苏人民出版社 2007 年版。

［美］丝奇雅·沙森：《全球城市：纽约、伦敦、东京》，周振华等译，上
海社会科学院出版社 2005 年版。

［美］雪伦·朱津（Sharon Zukin）：《城市文化》，张廷佺、杨东霞、谈瀛
洲译，上海教育出版社 2006 年版。

［美］雪伦·朱津（Sharon Zukin）：《裸城：纯正都市地方的生与死》，王
志弘、王玥民、徐苔玲译，台北群学出版有限公司 2012 年版。

［美］詹姆斯·W. 凯瑞：《作为文化的传播——"媒介与社会论文集"》，
丁未译，华夏出版社 2005 年版。

［日］佐藤卓己：《现代传媒史》，诸葛蔚东译，北京大学出版社 2004
年版。

孙绍谊：《想象的城市：文学、电影和视觉上海（1927—1937）》，复旦大
学出版社 2009 年版。

孙玮：《现代中国的大众书写——都市报的生成、发展与转折》，复旦大

学出版社 2006 年版。

孙玮主编：《中国传播学评论（第四辑）：传播媒介与社会空间特辑》，复
　　旦大学出版社 2009 年版。

孙逊、杨剑龙主编：《网络社会与城市环境》，上海三联书店 2010 年版。

汪民安、陈永国、马海良主编：《城市文化读本》，北京大学出版社 2008
　　年版。

巫仁恕、康豹、林美莉主编：《从城市看中国的现代性》，台北"中研院"
　　近代史研究所 2010 年版。

徐锦江：《〈申〉报对策》，复旦大学出版社 2012 年版。

［英］Simon Parker：《遇见都市：理论与经验》，王志弘、徐苔玲译，群学
　　出版有限公司 2011 年版。

［英］Tim Cresswell 主编：《地方：记忆、想象与认同》，徐苔玲、王志弘
　　译，台北群学出版有限公司 2006 年版。

［英］德雷克·格利高里、［英］约翰·厄里：《社会关系与空间结构》，
　　谢礼圣、吕增奎等译，北京师范大学出版社 2011 年版。

［英］雷蒙·威廉斯：《漫长的革命》，倪伟译，上海人民出版社 2013
　　年版。

［英］雷蒙·威廉斯：《文化与社会》，高晓玲译，吉林出版集团有限公司
　　2011 年版。

［英］雷蒙·威廉斯：《乡村与城市》，韩子满、刘戈、徐珊珊译，商务印
　　书馆 2013 年版。

［英］迈克·费瑟斯通：《消解文化——全球化、后现代主义与认同》，杨
　　渝东译，北京大学出版社 2009 年版。

［英］齐格蒙特·鲍曼：《共同体：在一个不确定的世界中寻找安全》，欧
　　阳景根译，江苏人民出版社 2003 年版。

［英］斯图亚特·霍尔：《表征：文化表象与意指实践》，周宪、许钧译，
　　商务印书馆 2003 年版。

［英］亚当·库柏、杰西亚·库柏：《社会科学百科全书》，上海译文出版
　　社 1989 年版。

［英］约翰·B. 汤普森：《意识形态与现代文化》，高铦译，译林出版社

2005 年版。

［英］约翰·厄里：《全球复杂性》，李冠福译，北京师范大学出版社 2009 年版。

曾一果：《想象城市：改革开放 30 年来大众媒介的"城市叙事"》，中国书籍出版社 2011 年版。

张英进：《空间、时间与性别构形——中国现代文学与电影中的城市》，江苏人民出版社 2007 年版。

周宪、陶东风主编：《文化研究（第 13 辑）》，社会科学文献出版社 2013 年版。

Chris Bark, *Television*, *Globalization and Cultural Identities*, Beijing：Beijing University Publishing House, 2008.

Deborah Stevenson, *Cties and Urban Cultures*, Beijing：Beijing University Publishing House, 2007.

Harvey D, *Justice*, *Nature and the Geography of Difference*, Cambridge, MA：Blackwell Publishers, 1996.

Harvey D, *Space of Hope*, Berkeley：University of California Press, 2000.

Richard Junger, *Becoming the Second City*：*Chicago's Mass News Madia* (1833 – 1898), Urbana：University of Illinois Press, 2010.

Robert Maclver, *Community*：*A Sociological Study*, London：Macmillan and colimited, 1917.

Samuel Y. Liang, *Mapping Modernity in Shanghai*：*Space*, *Gender*, *and Visual Culture in the Sojourners' City* 1853 – 98, New York：Routledge, 2010.

Tuan Yi-Fu, *Space and Place*：*The Perspective of Experience*, Minneapolis：University of Minnesota Press, 1977.

（二）历史著作

常青：《大都会从这里开始——上海南京路外滩段研究》，同济大学出版社 2005 年版。

陈旭麓：《近代中国社会的新陈代谢》，上海社会科学院出版社 2006 年版。

董倩：《改造日常：〈新民晚报〉与社会主义上海生活空间之建构（1949—1966)》，上海人民出版社 2016 年版。

［法］白吉尔：《上海史：走向现代之路》，王菊、赵念国译，上海社会科学院出版社 2005 年版。

乐正：《近代上海人社会心态 1860—1910》，上海人民出版社 1991 年版。

李天纲：《南京路：东方全球主义的诞生》，上海人民出版社 2009 年版。

李天纲：《人文上海——市民的空间》，上海教育出版社 2004 年版。

李天纲：《文化上海》，上海教育出版社 1998 年版。

刘建辉：《魔都上海——日本知识人的"近代"体验》，甘慧杰译，上海古籍出版社 2003 年版。

卢汉超：《霓虹灯外——20 世纪初日常生活中的上海》，段炼、吴敏、子羽译，上海古籍出版社 2004 年版。

马光仁：《上海当代新闻史》，复旦大学出版社 2001 年版。

［美］杜赞奇：《从民族国家拯救历史：民族主义话语与中国现代史研究》，王宪明、高继美、李海燕、李点译，江苏人民出版社 2009 年版。

［美］顾得曼：《家乡、城市和国家——上海的地缘网络与认同》，宋钻友译，上海古籍出版社 2004 年版。

［美］霍塞：《出卖上海滩》，纪明译，商务印书馆 1962 年版。

［美］罗威廉：《汉口：一个中国城市的冲突和社区（1796——1895）》，鲁西奇、罗杜芳译，中国人民大学出版社 2008 年版。

［美］罗兹·墨菲：《上海——现代中国的钥匙》，章克生等译，上海人民出版社 1986 年版。

［美］乔尔·科特金：《全球城市史》，王旭等译，社会科学文献出版社 2010 年版。

［美］约翰·R. 麦克尼尔、威廉·H. 麦克尼尔：《人类之王网：鸟瞰世界的历史》，王晋新、宋保军等译，北京大学出版社 2011 年版。

［日］斯波义信：《中国都市史》，布和译，北京大学出版社 2013 年版。

唐振常：《近代上海繁华录》，香港商务印书馆 1993 年版。

忻平：《从上海发现历史—现代化进程中的上海人及其社会生活（1927—1937）》，上海大学出版社 2009 年版。

熊月之：《异质文化交织下的都市生活》，上海辞书出版社 2008 年版。

熊月之、周武：《海纳百川——上海城市精神纵横谈》，上海人民出版社

2003 年版。

熊月之、周武主编：《上海：一座现代化的编年史》，上海书店出版社
　　2007 年版。

熊月之主编：《上海通史（第六卷）》，上海人民出版社 1999 年版。

许纪霖、罗岗等：《城市的记忆：上海文化的多元历史传统》，上海书店
　　出版社 2011 年版。

薛凤旋：《中国城市及其文明的演变》，世界图书出版公司北京公司 2015
　　年版。

叶文心：《上海繁华：都会经济伦理与近代中国》，王琴、刘润堂译，台
　　北时报文化出版公司 2010 年版。

张济顺：《远去的都市：1950 年代的上海》，社会科学文献出版社 2015
　　年版。

张仲礼、熊月之、沈祖炜主编：《中国近代城市发展与社会经济》，上海
　　社会科学院出版社 1999 年版。

周振华等主编：《全球城市的上海（2010—2039）》，上海人民出版社 2010
　　年版。

邹依仁：《旧上海人口变迁的研究》，上海人民出版社 1980 年版。

　　（三）其他书目：文集、纪实作品、资料汇编

胡祥翰编：《上海小志（卷 10）》，上海古籍出版社 1989 年版。

［加拿大］贝淡宁、［以色列］艾维纳：《城市的精神——全球化时代，城
　　市何以安顿我们》，吴万伟译，重庆出版社 2012 年版。

康燕：《解读上海（1990—2000）》，上海人民出版社 2001 年版。

李维清：《上海乡土志》，著易堂印书局 1927 年版。

潘君祥、陶冶、刘平、陆箐主编：《上海 700 年（1291—1991）》，上海人
　　民出版社 1991 年版。

上海市人民政府参事室文史资料工作委员会编：《上海地方史资料（第 3
　　册）》上海社会科学院出版社 1986 年版。

上海通社编：《上海掌故丛书（第一辑）》，中华书局 1936 年版。

上海证大研究所编：《新上海人》，东方出版社 2002 年版。

汤哲明等主编：《2000 上海双年展》，上海书画出版社 2001 年版。

新中华杂志编：《上海的将来》，中华书局 1934 年版。

杨东平：《城市季风：北京和上海的文化精神》，新星出版社 2006 年版。

袁志平主编：《口述上海：改革开放亲历记》，上海教育出版社 2008 年版。

中共上海市委宣传部编：《上海城市文化发展战略研究调查报告集》，上
　　海人民出版社 1986 年版。

中共上海市委宣传部研究室编：《上海文化发展战略研究》，上海人民出
　　版社 1987 年版。

（四）文学作品、电视作品

陈丹燕：《公家花园》，作家出版社 2009 年版。

陈丹燕：《外滩：影像与传奇》，作家出版社 2008 年版。

电视访谈节目《"九十年代上海人"（18 集）》，上海广播电视台 1992。

纪录片《飞跃大上海》（第一辑历史地理篇：地图开始的故事），东方卫
　　视 2010。

纪录片《外滩》，中央电视台 2011。

金宇澄：《繁花》，上海文艺出版社 2013 年版。

沈从文：《沈从文文集（12 卷）》，花城出版社 1983 年版。

［英］爱狄·密勒：《上海——冒险家的乐园》，包玉珂编译，上海文化出
　　版社 1956 年版。

俞天白：《大上海沉没》，人民文学出版社 1991 年版。

俞天白：《上海：性格即命运》，上海文艺出版社 1992 年版。

三　论文

（一）期刊论文

Raymond Williams, *Communications As Cultural Science*, *Journal of Communi-
　　cation*, Summer 1974.

Wen-Hsin Yeh, "Shanghai Modernity：Commerce and Culture in a Republican
　　City", *China Quarterly*, Vol. 150, No. 2, June1997.

白鲁恂：《中国民族主义与现代化》，《二十一世纪》1992 年第 9 期。

包亚明：《全球化、地域性与都市文化研究——以上海为例》，《郑州大学
　　学报》2002 年第 1 期。

陈映芳:《上海的明天：市民与城市社会》，《档案与史学》2003 年第 5 期。

丁士、蔡雯:《试论当代中国报纸的流派》，《新闻战线》1992 年第 2 期。

杜维明:《全球化与上海价值》，《史林》2004 年第 2 期。

方仁:《扎根大上海的小圈子——访〈申江服务导报〉总编徐锦江》，《传媒观察》2006 年第 3 期。

复旦大学信息与传播研究中心课题组、谢静:《可沟通城市：网络社会的新城市主张》，《新闻与传播研究》2015 年第 7 期。

葛剑雄:《移民、移民文化、上海文化》，《上海文化》1994 年第 3 期。

黄旦:《"奇闻逸事，罔不毕录"：上海"城"的移动——初期〈申报〉研究之二》，《学术月刊》2017 年第 10 期。

李楠:《市民文化笼罩下的都市想象——上海小报中的"上海"》，《学术月刊》2004 年第 6 期。

李天纲:《制度造就的上海人》，《探索与争鸣》2003 年第 4 期。

卢汉超:《上海城市的文化认同及其开放与容纳》，《学术月刊》2004 年第 7 期。

陆晔:《影像都市的建构与体验——以 2010 上海世博会为个案》，《新闻大学》2012 年第 2 期。

孙玮:《传播：编织关系网络——基于城市研究的分析》，《新闻大学》2013 年第 3 期。

孙玮、李美慧:《制造上海：报纸中的"上海开埠"——以 2003 年为例》，《新闻大学》2009 年第 4 期。

孙玮:《上海城市地方主义与传媒想象——周立波现象分析》，《新闻大学》2010 年第 4 期。

孙玮:《"上海再造"：传播视野中的中国城市研究》，《杭州师范大学学报》2013 年第 2 期。

孙玮:《中国现代化进程中的都市报——都市报的产生及其实质》，《新闻大学》2003 年第 4 期。

孙玮:《作为媒介的城市：传播意义再阐释》，《新闻大学》2012 年第 2 期。

孙玮:《作为媒介的外滩:上海现代性的发生与成长》,《新闻大学》2011
　　年第 4 期。

唐小兵:《蝶魂花影惜纷飞》,《读书》1993 年第 9 期。

唐振常:《市民意识与上海社会》,《上海社会科学院学术季刊》1993 年第
　　1 期。

童兵:《沪报三读——兼议上海传媒文化的海派特色》,《新闻记者》2002
　　年第 11 期。

吴予敏:《从"媒介化都市生存"到"可沟通的城市"——关于城市传播
　　研究及其公共性问题的思考》,《新闻与传播研究》2014 年第 3 期。

熊月之:《开放与调适:上海开埠初期混杂型社会形成》,《学术月刊》
　　2005 年第 7 期。

熊月之:《历史上的上海形象散论》,《史林》1996 年第 3 期。

熊月之:《略论上海人形成及其认同》,《学术月刊》1997 年第 10 期。

熊月之:《上海人一百年》,《档案与史学》2000 年第 2 期。

姚延人、周良才、杨秉岩:《欢呼〈上海解放十年〉的出版》,《上海文
　　学》1960 年第 4 期。

於红梅、潘忠党:《国际大都市的想象与诠释——作为符号的〈良友〉画
　　报》,《开放时代》2011 年第 2 期。

曾一果:《关于上海"现代性"想象》,《文学评论》2010 年第 2 期。

张广崑:《市民性:上海文化的主色调》,《上海大学学报》(社会科学版)
　　1997 年第 12 期。

周武:《开放传统与上海城市的命运》,《史林》2003 年第 5 期。

　　(二) 学位论文

洪煜:《近代上海小报与市民文化研究 (1897—1937)》,博士学位论文,
　　上海师范大学,2006 年。

李美慧:《创伤、记忆与共同体——本地报刊对"上海开埠"的四度建构
　　(1843—2003)》,博士学位论文,复旦大学,2015 年。

刘鹏:《海派文化与上海报业》,博士学位论文,复旦大学,2008 年。

张昱辰:《上海城市共同体的传媒建构:以 11.15 火灾为例》,硕士学位论
　　文,复旦大学,2012 年。

（三）会议论文

方明伦、李伦新、丁锡满：《海派文化发展创新的动力和活力：上海大学海派文化研究中心第三届海派文化学术研讨会文集》，上海大学出版社2004年版。

复旦大学文史研究院编：《都市繁华——1500年来的东亚城市生活史国际学术研讨会会议论文集（上、下卷）》，都市繁华——1500年来的东亚城市生活史复旦大学国际学术研讨会，复旦大学，2010年。

《"开放城市与近代中国国际学术讨论会"论文汇编》，上海社会科学院历史研究所，复旦大学上海史国际研究中心，上海社会科学院国际合作处，上海史历史学会联合主办，2013年。

《"上海开埠160周年"国际学术讨论会（1843—2003）会议论文集》，上海社会科学院，上海高校都市E文化研究院联合主办，2003年12月。

熊月之：《略论近代外侨对上海城市的认同》，"多学科视野下的上海史研究"学术讨论会议论文，复旦大学，2014年4月。

后　记

　　我是典型的山里娃娃，18 岁以前都是在山村小镇度过，记得小时候暂住马路边的姨妈家，晚上躺在床上听着汽车的鸣笛声会做着美梦，畅想远方的世界。步入而立之年，机遇让我来到国际大都市求学进行城市传播研究。记得博士一年级读西美尔的名作《大都会与精神生活》，其中提到："对大都会而言，强烈地憎恨像尼采这样的人是可以理解的。这些人物天生只能在非模式化的存在中发现生活的价值，而非模式化的存在是不能以适用于所有相同者或相似者的精确性来加以界定的。憎恨大都会与憎恨货币经济，以及现代存在中的理性主义，在缘由上是相同的。"读到这里，心想我完蛋了，对于出身中文背景如此感性的我有点像尼采的个性，但我不愿走尼采的结局，那就努力接近西美尔吧，可得知西美尔继承了一大笔财产（可谓"富二代"）得以一生栖居大都市写出了关于都市的名著。联想自己的出身，又开始绝望了，就这样与自己缠斗了很久。我只能改变自己，深入城市。开始一边翻阅关于城市的历史、理论书籍，一边去触摸上海。无数次漫步于中西文化交汇点的外滩，数次在淮海路漫游，偶品咖啡，多次购票去上海城市规划馆和博物馆感受上海的前世今生，聆听各种有关上海的学术讲座，看有关纪录片甚至只要有点上海历史背景的电影，尽其所能找熟悉上海的专家、记者聊天等等，就这样慢慢地似乎触摸到了上海的可爱和这个城市的些许感性。博士论文的写作是一个未知的旅程，沿途既有美好的风景，更有沉沉陷阱，从选题到后记，我似乎跋涉过千山万水。本书是在博士学位论文的基础上略作修改而成，主要是在原文的基础上编织了更多理论阐释，也进行了一些材料的补充和注释的更新，在总体框架上基本保持了原貌。因工作的繁忙和诸多杂事的干扰，本书还有诸多不足与遗憾。但这种学术历练对我个人来说弥足珍贵。本书的完成及顺利出版，我要诚挚地感谢无私帮助过我的师友和家人。

感谢我的导师孙玮女士，在稀缺的名额中收留了一个没有显赫学术背景的我。在所开设的读书会上从开始的不敢说话到慢慢地能自如地发言和提问，老师一步一步地领我入门。博士论文更是倾注了她的心血。开题前因准备不足让她"心惊肉跳"，看到我思路纠结时"拍案而起"，当我沉下来的时候在寒冷的冬天送上温暖的鼓励之语，在写作的后半阶段于暑期大热天为我的论文"拼命地想"并提出了高屋建瓴的指导意见。虽然愚钝的我也许还是没有完全领透，但老师对学术的追求和梦想感染了我，正是在对老师高深的理论和学术思想文章流连忘返地捧读中我慢慢地找到了一些写作的感觉。毕业后，还经常督促我要把学术做好，而有些懈怠和懒惰的我不禁感到汗颜。

感谢黄旦老师，记得入学考试面试时因我胡言乱语的那种"诘问"，在世界传播学术史课堂上因我天马行空式地发言而"严厉批评"，当我写作"短路"求教时送上箴言："你要做到'外紧内松'，静静地聆听资料的声音。"黄老师参与了我论文流程的各个环节，并给予了"精当"的建言，很开心最后明审评阅书里送上了难得的溢美之词："一个跨度如此之大的研究，能够做到这样，说明作者的研究基础和能力是不错的。"感谢上海史权威专家熊月之老师大方地把作为"压箱底"的历史材料拿出来供我所用，在繁忙中给予了尽其所能的指导。感谢吴驷老师，凭他多年的记者生涯倾囊所授，提供了丰富的资料索引。诚挚地感谢辅导员伍静老师，在求学期间给予了"有求必应"的各种关怀和帮助，作为良师益友用她的善良、智慧和责任心陪伴我成长。也要感谢教我各门课程的李良荣老师、陆晔老师、殷晓蓉老师、吕新雨老师等，正是在他们的课堂上开阔了我的学术视野。

感谢复旦大学顾铮教授、谢静教授在开题环节为我的论文提出了真知灼见。感谢武汉大学单波教授、《新闻记者》主编刘鹏老师对论文进行了细致的评审。感谢上海社科院熊月之教授、深圳大学吴予敏教授、苏州大学曾一果教授、复旦大学谢静教授参与了我的论文答辩并提出了宝贵的意见。感谢两位匿名盲审老师不吝给予论文"优秀"等级，让我受宠若惊。

　　博士生涯既离不开老师们的精心指导，也离不开同学好友的帮助。感谢我的同门好友陶文静，在漫长的写作过程中，每当卡壳时，凭借她过来人的经验赐予我碎片的灵光，在坦诚交流写作心路历程中给予了及时的鼓励。感谢室友金大师博士（金庚星），在我心境最艰难的时候送上一个字"定"（王阳明思想），劝我不要一味追求"静"，还专门一次抽时间陪我暴走校园，正是这次微调，改善了我的写作节奏。感谢室友华哥（张华），他的沉稳感染了我这个性情中人，专门几次找我聊写论文的诀窍。感谢室友老谭（谭俊洪），多次教我如何打快速歼灭战的方法。感谢易龙好友，他的商业思维和最新媒体技术的灌输，让我封闭的读书生活不至于陷入太深而脱离社会。感谢他们包容了我，在他们中让我恣意放纵自己的性情。很荣幸能遇见复旦新闻学院2012级博士班26位各路英豪，在这个大家庭里让我感受到了博士生活的美好。

　　感谢淮阴师范学院传媒学院史晖教授、沈东华教授给予我特别的关心，感谢陈长松博士对我学业的鞭策，感谢中国社会科学出版社陈肖静等编辑们对本书的辛勤工作。

　　本书的完成，我要感谢家人给我提供的坚强后盾。感谢逐渐年迈的父母虽有不舍但大度地让我远离家乡来到了另外一个城市工作，他们对我无条件地支持与爱是我永藏心底不竭的源泉。也要感谢我的岳父、岳母提供力所能及的帮助。感谢妻子吴健，长期承担了培育儿子的重任。正是他们无私的奉献让我有了一个相对安静的读书和写作环境。感谢7岁可爱又懂事的儿子旦旦，让我体会到了为人之父的那份浸透心底的喜悦和责任，在与他有限的相处中感摸到人类天真的可贵。

　　步入中年，也还会卖萌：偶尔在镜前看着自己，能不能再长高点，还会把脚尖立起来，心想要是这么高就好了，我知道自然的法则不可能再长高了，但我希望自己能在养家糊口的基础上知识、学问和境界能高一点，再高一点……

何顺民

2019年4月16日

于淮海北路天山华庭公寓